◇ はじめに ◇

　本書は、サステナビリティ検定「サステナビリティ・オフィサー」を
受験される方の学習の利便を図るためにまとめた試験問題集です。

　サステナビリティへの社会的な関心の高まりを受け、企業は、既存の
ビジネスの大胆な変革が求められています。事業会社では、自社のビジ
ネス領域におけるサステナ　　　　　　　　　　　　　　来を展望
する必要がある一方で、金融　　　　　　　　　　　　知り、サ
ステナビリティに関する最適

JN029271

　本検定試験が事業会社と金　　　　　　　　　　　　ビリティ
に関して双方で深い対話が展開され、持続可能な社会に貢献する企業活
動の維持・発展の一助となることを期待します。

　サステナビリティ・オフィサーは、企業の脱炭素に向けた取組みに関
して専門的なアドバイスを行う人材の育成に資する民間資格制度とし
て、環境省から「脱炭素アドバイザーベーシック資格」の認定を取得し
ています。したがって、受験者は、サステナビリティ・オフィサーの合
格と同時に、「環境省認定制度 脱炭素アドバイザーベーシック」の資格
を得ることができます。

　本書では上記の問題意識のもと、試験問題が構成され、実践的な事例
問題も掲載されています。

　なお、より学習効果をあげるために、通信教育講座「サステナブルフ
ァイナンスがよくわかる講座」に取り組まれることもお勧めします。

　本書を有効に活用して、サステナビリティ・オフィサーに合格され、
金融機関と事業会社のビジネスパーソンが、ともにサステナビリティに
関わる課題に取り組まれることを期待しています。

2024年6月

一般社団法人 金融財政事情研究会

検定センター

◇刊行によせて◇

　持続可能な社会の構築が世界と日本の大きな課題となるなかで、新たな産業・社会構造への転換を促し、持続可能な社会を実現するための金融（サステナブルファイナンス）の推進が不可欠です。

　ESG投資や脱炭素に向けた顧客企業との対話など、金融の現場で取組みが広がりつつありますが、さらに取組みを進めていくためには、専門知見を有する人材の育成が、喫緊の課題となっています。

　金融庁が2022年7月に取りまとめた「サステナブルファイナンス有識者会議」の二次報告書でも、企業と対話を行う機関投資家・金融機関、ESG商品の販売を担う証券会社や銀行、顧客にアドバイスを行うアセットマネージャー、企業評価を担うESG評価機関など、それぞれの分野・場面に適した知見形成の重要性を指摘しています。

　サステナブルファイナンス領域で活躍する人材育成には、金融面に留まらず社会で議論されている様々なサステナビリティの課題について理解を深めつつ、産業・金融政策、民間団体の国際的なイニシアティブやフレームワークに関する知識を得ていくことが欠かせません。

　サステナビリティの分野は変化も早く、金融、リスク、産業、環境など幅広い分野を横断するものです。金融商品にサステナビリティの課題をどう組み込んでいくか、金融機関としてのサステナビリティに関する戦略をリスクや機会の面からどう立案し、事業計画に活かしていくかなど、獲得した知見を実際に金融活動などの現場で取り入れ、活用していただくことで、幅広い創意工夫につなげていくことが重要です。

　異なる分野の知識を融合させ、新たな社会や市場を生み出すための人材育成によって、日本のサステナブルファイナンス市場の活発化につながっていくことを期待しています。

2022年10月

金融庁　チーフ・サステナブルファイナンス・オフィサー

池田賢志

2024年度版

サステナビリティ検定

サステナビリティ・オフィサー

試験問題集

一般社団法人 金融財政事情研究会

◇刊行によせて◇

　昨今、世界的に気候変動問題への関心が急速に高まっており、2018年のパリ協定に基づき、世界全体で温室効果ガスの排出削減に向けた取り組みが進められています。こうしたなかで策定した経済産業省の政策のうち本検定に関連するものを二点ほどご紹介申し上げます。

　（1）2018年に経済産業省主導による TCFD ガイダンスの策定を受けて、TCFD 賛同への機運が高まり、民間主導で TCFD コンソーシアムが設立されました。現在では、日本の TCFD 賛同機関数は1,010機関（2022年 7 月25日現在）と世界最大であり、世界の約 3 割を日本が占めるまでに至りました。TCFD コンソーシアムでは、TCFD 提言に基づく開示とその活用に取り組む企業や投資家が一堂に定期的に会して議論を重ねており、これまでにグリーン投資ガイダンスの策定や、TCFD サミットの開催等、様々な取組みが進んでいます。

　（2）技術面およびコスト面において、すべての国・地域や産業が一足飛びに脱炭素化が可能なわけではありません。多排出分野の移行には膨大な資金が必要であり、今後10年間の脱炭素投資規模は約150兆円と試算されています。経済成長と着実な温室効果ガス排出削減の実現を両立させるには、「グリーン」分野の取組への支援のみならず、「トランジション」を適切に評価したうえで「トランジション」にかかる取組に対する資金供給を促していくことが重要です。2021年 5 月に発表した「クライメート・トランジション・ファイナンスに関する基本指針」は、経済産業省、金融庁、環境省の三省で策定を行い、温室効果ガス多排出産業の2050年カーボンニュートラル実現に向けた具体的な移行の方向性を示す分野別の技術ロードマップは、これまでに、経済産業分野では、 7 分野（鉄鋼、化学、セメント、紙パ、電力、ガス、石油）で策定しています。この結果として、昨年来、日本においてもトランジションボンド等の発行が積極的に行われています。

　広くサステナビリティに関わる見識を金融機関に勤務する方々により

一層深めて頂くことは有意義であって、その過程において、政府や国際機関が講じてきている政策や民間でのイニシアティブも含めて、温室効果ガス削減の施策に関して時流に沿った正確な基礎的理解を促すことが、政策推進の後押しともなり、最終的には2050年のカーボンニュートラルを目指すうえでも肝要と考えます。金融機関に勤務する方のみならず幅広い層の読者に有益な書籍となることを期待しております。

2022年10月

経済産業省　環境経済室

環境金融企画調整官　井上峰人

◇刊行によせて◇

　気候変動問題を巡っては、パリ協定の締結やCOP26を経て、世界各国が喫緊の課題として政策対応を急激に進めています。わが国においても、2050年カーボンニュートラル・2030年目標の実現に向けた取組みが官民総力を挙げて進められています。脱炭素化に向けて、国内外の資金を呼び込み、今後10年間で官民合わせて150兆円規模の投資を実現させていかなくてはなりません。そのためには、産業のみならず、地域社会や人々の暮らしといった需要サイドを含めた包括的な取組みが必要であり、地域金融機関を含む金融の役割が非常に重要となります。

　こうしたなか、多くの企業や金融機関の現場で、専門知識や実務的なノウハウを持つ人材の不足が指摘されており、リテラシー向上や人材育成が急務となっています。例えば、地域金融機関では、山積する地域課題の解決に向けて、求められる役割が多様化・高度化しているなか、ここに来て地域脱炭素のハブとしての機能も新たに期待され、専門人材の確保を急いでいます。こうした状況は、一見、窮状に更なる難題が押し寄せてきたかのようにも感じられますが、一方で、地域脱炭素は、地域課題を含めた諸問題の解決の糸口ともなり得る可能性を秘めています。すなわち、地域脱炭素を契機に、ESG金融の推進、地域資源を活用したビジネス構築、地域循環型経済（地域循環共生圏）の構築といった大きなビジョンを描いて行動していくことは、中長期的には地域経済を活性化し、地域金融機関が安定的な収益基盤を確保していくことにも繋がります。その意味で、今やサステナビリティ対応は「コスト」ではなく前向きな「投資」と捉えるべきであり、皆さまにはその投資の最前線に立つ人材として、幅広く体系的な知識を身につけて頂ければ幸いです。

　本書を手に取られた皆さまが、その知見を活かし、サステナビリティ対応の現場でご活躍されることを心より祈念しております。

2022年10月

環境省 大臣官房 環境経済課 環境金融推進室

◇◇目　次◇◇

第2章　企業のサステナビリティ活動

第 3 章　サステナビリティと金融

第4章　実践事例問題

本書に訂正等がある場合には、下記ウエブサイトに掲載いたします。
https://www.kinzai.jp/seigo/

〈法令基準日〉

本書は、問題文に特に指示のない限り、2024年7月1日（基準日）現在施行の法令等に基づいて編集しています。

◇ **CBT とは**◇

CBT（Computer-Based Testing）とは、コンピュータを使用して実施する試験の総称で、パソコンに表示された試験問題にマウスやキーボードを使って解答します。サステナビリティ検定は、一般社団法人金融財政事情研究会が、株式会社シー・ビー・ティ・ソリューションズの試験システムを利用して実施する試験です。CBT は、受験日時・テストセンター（受験会場）を受験者自らが指定できるとともに、試験終了後、その場で試験結果（合否）を知ることができるなどの特長があります。

※本書では、一部、外国語の出典を当会にて和訳・要約して問題および解説を作成しています。

サステナビリティ検定「サステナビリティ・オフィサー」試験概要

　社会や環境等のサステナビリティ（持続可能性）に関して国連が掲げるSDGs を前提に、企業の経済活動、ガバナンス、ファイナンス手法に進化が求められています。本試験では、企業とそれをとりまくステークホルダーとの対話や、コンサルティングの際に必要な知識の習得度を検証します。

■受験日・受験予約	通年実施。受験者ご自身が予約した日時・テストセンター（https://cbt-s.com/testcenter/）で受験していただきます。受験予約は受験希望日の3日前まで可能ですが、テストセンターにより予約可能な状況は異なります。
■試験の対象者	サステナビリティのリテラシー向上を図りたい金融機関職員 事業会社や投資家等にサステナビリティの取組みの提案・支援を行う金融機関担当者 一般事業会社のサステナビリティ担当者 ※受験資格は特にありません
■試験の範囲	1．SDGs・ESG・サステナビリティの基礎知識 2．企業のサステナビリティ活動 3．サステナビリティと金融 4．実践事例問題
■試験時間	100分　試験開始前に操作方法等の案内があります。
■出題形式	四答択一式50問
■合格基準	100点満点で70点以上
■受験手数料（税込）	6,050円
■法令基準日	問題文に特に指示のない限り、2024年7月1日現在施行の法令等に基づくものとします。
■合格発表	試験終了後、その場で合否に係るスコアレポートが手交されます。合格者は、試験日の翌日以降、「サステナビリティ・オフィサー」の認定証をマイページからPDF形式で出力できます。
■持込み品	携帯電話、筆記用具、計算機、参考書、六法等を含め、自席（パソコンブース）への私物の持込みは認められていません。テストセンターに設置されている鍵付きのロッカー等に保管していただきます。メモ用紙・筆記用具はテスト

	センターで貸し出されます。
■受験教材等	・本書
	・通信教育講座「サステナブルファイナンスがよくわかる講座」
■受験申込の変更・キャンセルについて	受験申込の変更・キャンセルは、受験日の3日前までマイページより行うことができます。受験日の2日前からは、受験申込の変更・キャンセルはいっさいできません。
■受験可能期間	受験可能期間は、受験申込日の3日後から当初受験申込日の1年後までとなります。受験可能期間中に受験（またはキャンセル）しないと、欠席となります。

※金融業務能力検定・サステナビリティ検定の最新情報は、一般社団法人金融財政事情研究会のWebサイト（https://www.kinzai.or.jp/kentei/news-kentei）でご確認ください。

──────── ◆本書の企画協力・執筆機関　一覧 ────────

みずほ銀行

三菱 UFJ 銀行

三井住友フィナンシャルグループ

三井住友銀行

りそなホールディングス

岩手銀行

七十七銀行

群馬銀行

足利銀行

常陽銀行

武蔵野銀行

横浜銀行

第四北越銀行

山梨中央銀行

八十二銀行

ほくほくフィナンシャルグループ

静岡銀行

滋賀銀行

百十四銀行

伊予銀行

ふくおかフィナンシャルグループ

肥後銀行

琉球銀行

おきなわフィナンシャルグループ

西日本フィナンシャルホールディングス

東和銀行

栃木銀行

信金中央金庫

日本総合研究所

第1章

SDGs・ESG・サステナビリティの基礎知識

1－1 持続可能な開発目標（SDGs）とは

《問》持続可能な開発目標（SDGs）に関する次の記述のうち、最も不適切なものはどれか。

1）SDGs は、17の目標（ゴール）と169の達成基準（ターゲット）から構成され、発展途上国のみならず、先進国自身が取り組む国際目標であり、日本も取り組んでいる。

2）SDGs では、経済活動を通じて価値を生み出すこと（経済成長）、環境を守っていくこと（環境保護）、社会的弱者を含め1人ひとりの人権を尊重すること（社会的包摂）という3要素の調和が求められている。

3）SDGs は、意欲目標としてのゴールや行動目標としてのターゲットに対して、達成度を測るための指標を定めていない点に特徴があり、指標を定めていないことで、短期的な視野ではなく中長期的な視野に立つことができる。

4）「Sustainable Development Report 2023（持続可能な開発レポート）」によれば、2023年の日本の SDGs 達成度は国連加盟国のなかで21位となっており、ジェンダー平等（目標5）や気候変動対策（目標13）などの項目で、課題が残っているとされている。

・解説と解答・

SDGs とは、2015年の国連サミットで採択された「持続可能な開発のための2030アジェンダ」で掲げられた、持続可能でよりよい世界を2030年までに目指す国際目標で、17の目標（ゴール）と169の達成基準（ターゲット）から構成されている。MDGs を引き継ぐ形で採択された SDGs は、MDGs といくつかの点で異なっている。MDGs は、途上国の開発問題を中心とし、先進国はそれを援助するという位置付けであるのに対し、SDGs は、途上国の開発の側面だけでなく経済・社会・環境のすべてに対応し、先進国も共通の課題として取り組むという位置付けになっている。

1）適切である。

2）適切である。

3）不適切である。SDGs は、ゴールやターゲットなどの目標に対して、インディケーター（達成度を測るための数値指標）を定めて達成度を測り、進

捗管理を徹底している点に特徴がある。SDGs は、2017年の国連総会において、17のゴール・169のターゲットの下に232（2020年 3 月以降231）のインディケーターが定められた。この 3 層構造の提示により、取組みの実行手段としてやや抽象的であった SDGs の枠組みがより具体的になるとされる。

4 ）適切である。「Sustainable Development Report 2023（持続可能な開発レポート）」は、持続可能な開発ソリューションネットワーク（SDSN）とベルテルスマン財団によりまとめられており、2023年の日本の SDGs 達成度は21位で、2022年の同レポート（19位）から 2 つ順位を下げている。ジェンダー平等（目標 5 ）や気候変動対策（目標13）などの項目で、課題が残っていると指摘されている。

<u>正解　3 ）</u>

■ SDGs の17の目標（ゴール）

目標 1 　貧困をなくそう
目標 2 　飢餓をゼロに
目標 3 　すべての人に健康と福祉を
目標 4 　質の高い教育をみんなに
目標 5 　ジェンダー平等を実現しよう
目標 6 　安全な水とトイレを世界中に
目標 7 　エネルギーをみんなにそしてクリーンに
目標 8 　働きがいも経済成長も
目標 9 　産業と技術革新の基盤をつくろう
目標10　人や国の不平等をなくそう
目標11　住み続けられるまちづくりを
目標12　つくる責任つかう責任
目標13　気候変動に具体的な対策を
目標14　海の豊かさを守ろう
目標15　陸の豊かさも守ろう
目標16　平和と公正をすべての人に
目標17　パートナーシップで目標を達成しよう

1－2　SDGs 目標と社会課題（気候変動、生物多様性）

> 《問》気候変動、生物多様性について SDGs の目標に関する次の記述のうち、最も不適切なものはどれか。
>
> 1）目標7「エネルギーをみんなにそしてクリーンに」では、2030年までに、世界全体のエネルギー効率の改善率を現在の10倍にすることを達成基準（ターゲット）の1つとしている。
>
> 2）目標13「気候変動に具体的な対策を」では、世界全体の CO_2 排出量が1990年以来、50％近く増大していることを踏まえ、気候変動対策を国の政策、戦略および計画に盛り込むことを達成基準（ターゲット）の1つとしている。
>
> 3）目標14「海の豊かさを守ろう」では、人間が作り出した CO_2 の約30％を吸収し、地球温暖化の影響を和らげてくれる海洋を守るため、科学的協力の強化を通じて、海洋酸性化の影響を最小限に抑えることを達成基準（ターゲット）の1つとしている。
>
> 4）目標15「陸の豊かさも守ろう」では、砂漠化、干ばつ、洪水の影響を受けた劣化した土地と土壌を回復し、土地劣化に荷担しない世界の実現に努めることを達成基準（ターゲット）の1つとしている。

・解説と解答・

1）不適切である。目標7は、「すべての人々の、安価かつ信頼できる持続可能な近代的エネルギーへのアクセスを確保する」であり、達成基準（ターゲット）の1つに「2030年までに、エネルギー効率の世界的な改善率を倍増する」ことを掲げている。他の達成基準（ターゲット）として、2030年までに、再生可能エネルギー、エネルギー効率および先進的かつ環境負荷の低い化石燃料技術などのクリーンエネルギーの研究および技術へのアクセスを促進するための国際協力を強化し、エネルギー関連インフラとクリーンエネルギー技術への投資を促進する、などが挙げられている。

2）適切である。達成基準（ターゲット）13.2についての記述である。なお、目標13は、「気候変動およびその影響を軽減するための緊急対策を講じる」である。他の達成基準（ターゲット）には、気候変動の緩和、適応、影響軽減および早期警戒に関する教育、啓発、人的能力および制度機能を改善する、などが挙げられている。

3）適切である。達成基準（ターゲット）14.3についての記述である。なお、目標14は、「持続可能な開発のために海洋・海洋資源を保全し、持続可能な形で利用する」である。他の達成基準（ターゲット）には、2025年までに、海洋ごみや富栄養化を含む、特に陸上活動による汚染など、あらゆる種類の海洋汚染を防止し、大幅に削減する、などが挙げられている。

4）適切である。達成基準（ターゲット）15.3についての記述である。なお、目標15は、「陸域生態系の保護、回復、持続可能な利用の推進、持続可能な森林の経営、砂漠化への対処、ならびに土地の劣化の阻止・回復および生物多様性の損失を阻止する」である。他の達成基準（ターゲット）として、自然生息地の劣化を抑制し、生物多様性の損失を阻止し、2020年までに絶滅危惧種を保護し、また、絶滅防止するための緊急かつ意味のある対策を講じる、国際合意に基づき、遺伝資源の利用から生ずる利益の公正かつ衡平な配分を推進するとともに、遺伝資源への適切なアクセスを推進する、などが挙げられている。

正解　1）

1-3　SDGs目標と社会課題（社会的包摂）

《問》 社会的包摂について SDGs の目標に関する次の記述のうち、最も
　　 不適切なものはどれか。

1) 目標10「人や国の不平等をなくそう」では、各国の差別的な法律や
　　政策、慣行を撤廃し、適切な関連法規や政策、行動の促進を通じ
　　て、機会均等を確保し、不平等を減らすことを達成基準（ターゲッ
　　ト）の1つとしている。
2) 目標3「すべての人に健康と福祉を」では、2030年までに、エイ
　　ズ、結核、マラリアおよび顧みられない熱帯病といった伝染病を根
　　絶するとともに肝炎、水系感染症およびその他の感染症に対処する
　　ことを達成基準（ターゲット）の1つとしている。
3) 目標4「質の高い教育をみんなに」では、2030年までに、すべての
　　人々が男女の区別なく手頃な価格で、大学を含む高等教育を平等に
　　利用できるようにすることを達成基準（ターゲット）の1つとして
　　いる。
4) 目標5「ジェンダー平等を実現しよう」では、世界各地で差別と暴
　　力に苦しんでいる女性の基本的人権に目を向けることが目標とされ
　　ており、数値化が難しい「無報酬の育児や介護、家事労働」につい
　　ては、達成基準（ターゲット）の対象ではない。

・解説と解答・

1) 適切である。達成基準（ターゲット）10.3についての記述である。目標10
　　は、「各国内および各国間の不平等を是正する」である。他の達成基準
　　（ターゲット）として、2030年までに、年齢、性別、障害、人種、民族、
　　出自、宗教、あるいは経済的地位その他の状況に関わりなく、すべての
　　人々の能力強化および社会的、経済的および政治的な包含を促進する、な
　　どが挙げられている。
2) 適切である。達成基準（ターゲット）3.2についての記述である。目標3
　　は、「すべての人に健康と福祉を」である。他の達成基準（ターゲット）
　　として、2030年までに、世界の妊産婦の死亡率を出生10万人当たり70人未
　　満に削減する、などが挙げられている。
3) 適切である。達成基準（ターゲット）4.3についての記述である。なお、

　目標4は、「すべての人に包摂的かつ公正な質の高い教育を確保し、生涯学習の機会を促進する」である。他の達成基準（ターゲット）として、2030年までに、全ての子供が男女の区別なく、適切かつ効果的な学習成果をもたらす、無償かつ公正で質の高い初等教育および中等教育を修了できるようにする、などが挙げられている。

4）不適切である。目標5は、「ジェンダー平等を達成し、すべての女性および女児の能力強化を行う」である。世界各地で差別と暴力に苦しんでいる女性の基本的人権に目を向けるだけでなく、無報酬の育児、介護、家事労働を認識し、評価することも達成基準（ターゲット）としている。

正解　4）

1－4　SDGs 目標と社会課題（経済成長、持続可能なインフラ整備）

《問》経済成長、持続可能なインフラ整備について SDGs の目標に関する次の記述のうち、最も不適切なものはどれか。

1 ）目標 8「働きがいも経済成長も」では、2030年までに、女性や男性、若者や障害者の区分なく、すべての人々の生産的な雇用と働きがいのある人間らしい仕事（ディーセントワーク）を達成することを通じて、同一労働、同一賃金を達成することを達成基準（ターゲット）の 1 つとしている。

2 ）目標 9「産業と技術革新の基盤をつくろう」では、高品質で信頼性が高く持続可能で、かつ強靱（レジリエント）なインフラを地域および国境を越えて開発し、すべての人が手頃で公平にアクセスできることに重点を置くことを達成基準（ターゲット）の 1 つとしている。

3 ）目標 9「産業と技術革新の基盤をつくろう」では、包括的で持続可能な産業化を促進し、2030年までに、各国の状況に合わせて、雇用と GDP に占める産業セクターの割合を大幅に引き上げ、後発開発途上国のシェアを 2 倍にすることを達成基準（ターゲット）の 1 つとしている。

4 ）目標11「住み続けられるまちづくりを」では、われわれが生活する「まち」を保護するための取組みを定めており、目標15「陸の豊かさも守ろう」では、世界文化遺産や世界自然遺産の保護または保護するための取組みを定めている。

・解説と解答・

1 ）適切である。達成基準（ターゲット）8.5についての記述である。目標 8 は、「包摂的かつ持続可能な経済成長およびすべての人々の完全かつ生産的な雇用と働きがいのある人間らしい雇用（ディーセント・ワーク）を促進する」である。他の達成基準（ターゲット）として、2030年までに、世界の消費と生産における資源効率を漸進的に改善させ、先進国主導の下、持続可能な消費と生産に関する10カ年計画枠組みに従い、経済成長と環境悪化の分断を図る、などが挙げられている。

2 ）適切である。達成基準（ターゲット）9.1についての記述である。なお、

　　目標9は、「強靱（レジリエント）なインフラ構築、包摂的かつ持続可能
　な産業化の促進及びイノベーションの推進を図る」である。他の達成基準
　（ターゲット）として、特に開発途上国における小規模の製造業その他の
　企業の、安価な資金貸付などの金融サービスやバリューチェーンおよび市
　場への統合へのアクセスを拡大する、などが挙げられている。

3）適切である。達成基準（ターゲット）9.2についての記述である。

4）不適切である。目標11「住み続けられるまちづくりを」では、われわれが
　生活する「まち」だけでなく、世界文化遺産や世界自然遺産の保護または
　保護するための取組みについても達成基準（ターゲット）の1つとしてい
　る。他の達成基準（ターゲット）として、2030年までに、脆弱な立場にあ
　る人々、女性、子供、障害者および高齢者のニーズに特に配慮し、公共交
　通機関の拡大などを通じた交通の安全性改善により、全ての人々に、安全
　かつ安価で容易に利用できる、持続可能な輸送システムへのアクセスを提
　供する、などが挙げられている。

正解　4）

1−5 気候変動と企業活動

《問》企業活動が気候変動に与える影響に関する次の記述のうち、最も不
適切なものはどれか。

1）気候変動に関する政府間パネル（IPCC）の第6次評価報告書によ
ると、CO_2の累積排出量と気温上昇量の変化は、ほぼ線形関係（比
例関係）にあるとされている。

2）JCCCA（全国地球温暖化防止活動推進センター）によると、2021
年度における日本の部門別 CO_2 排出量の割合は、企業活動によるも
のが80%を超えている。

3）IPCC 第4次評価報告書によると、地球全体の CO_2 濃度の経年変化
をみると、CO_2 濃度は、工業化（1750年）以前の平均値と比べ、
40%以上増加している。

4）中小企業の温室効果ガス（GHG）排出量は1.2億〜2.5億 t と推測さ
れ、日本全体の GHG 排出量のうち1割未満である。

・解説と解答・

1）適切である。IPCC は、気候変動に関する政府間パネル（Intergovernmen-
tal Panel on Climate Change）の略。人為起源による気候変化、影響、適
応および緩和方策に関し、科学的、技術的、社会経済学的な見地から包括
的な評価を行うことを目的として、1988年に国連環境計画（UNEP）と世
界気象機関（WMO）により設立された組織である。世界中の科学者の協
力のもとで、出版された文献（科学誌に掲載された論文等）に基づいて定
期的に報告書を作成し、気候変動に関する最新の科学的知見の評価を提供
している。2013年の第5次評価報告書では、人間活動による温暖化の影響
については極めて高い（95%以上）とする報告であったが、第6次評価報
告書では、より確信度を引き上げた表現となった。

2）適切である。

3）適切である。IPCC の第4次評価報告書によれば、温室効果ガス別の地球
温暖化への寄与は、CO_2 76.7%、メタン14.3%、一酸化二窒素7.9%、オ
ゾン層破壊物質でもあるフロン類（CFCs、HCFCs）1.1%、となってい
る。つまり、石油や石炭など化石燃料の燃焼などによって排出される CO_2
が最大の温暖化の原因といえる。この CO_2 濃度は、産業革命前1750年の

280ppm から2013年には400ppm を超え、実に40％以上も増加しており、IPCC は、大気中の CO_2、メタン、一酸化二窒素は、過去80万年間で前例のない水準まで増加していると報告している。
4 ）不適切である。中小企業の温室効果ガス（GHG）排出量は1.2億〜2.5億 t と推測され、日本全体の GHG 排出量のうち 1 割〜 2 割弱を占める。

正解　4 ）

1－6　気候変動の影響

《問》気候変動などに関する次の記述のうち、最も不適切なものはどれ
　　か。
1）気候変動に関する政府間パネル（IPCC）の第6次評価報告書によ
　れば、今後数十年の間に温室効果ガスの排出が大幅に削減されない
　限り、21世紀中に地球温暖化は工業化以前の水準から1.5〜2℃を
　超えて進行することとなる。
2）温暖化が進行した結果、台風の巨大化や上陸数の増加による風災の
　激甚化や洪水の増加による建物の破壊、生活インフラの被害が起こ
　り得るが、これは気候変動リスクにおける移行リスクと呼ばれる。
3）気候変動に関する政府間パネル（IPCC）の第6次評価報告書によ
　れば、1850年から2020年の間に観測された温暖化は、過去2000年間
　に前例のない気温上昇速度であるとされる。
4）気候変動に関する政府間パネル（IPCC）の第5次評価報告書によ
　ると、19世紀半ば以降の海面水位の上昇率は、それ以前の2000年間
　の平均的な上昇率より大きく、また、1901〜2010年の期間に世界の
　平均海面水位は19cm上昇したとされている。

・解説と解答・

1）適切である。気候変動に関する政府間パネル（IPCC）は、2023年3月、
　第6次評価報告書において、人間の活動による影響が地球の大気、海洋お
　よび陸域を温暖化させてきたことには疑う余地はないとしている。
2）不適切である。気候変動が事業に与えるリスクは、カーボンニュートラル
　への移行に伴う規制や技術、市場環境等の変化がもたらす移行リスクと、
　自然災害の激甚化や気温・降水変化等がもたらす物理的リスクに分類され
　る。物理的リスクはさらに、台風等の自然災害の頻度や強度が増加するこ
　とで生じる急性リスクと、気温上昇・海面上昇等の長期的な変動を受けて
　徐々に発現する慢性リスクに分けられる。
3）適切である。1850年から2020年の間に観測された温暖化は、過去2000年間
　に前例のない気温上昇速度であるとされる。
4）適切である。

正解　2）

1－7　バックキャスティング、フォアキャスティング

《問》SDGs における目標設定のアプローチ手法に関する以下の文章の
空欄①～④に入る語句の組合せとして、次のうち最も適切なものは
どれか。

> 2015年に制定された SDGs では2030年の「あるべき姿」を設定
> し、そこに向けて、今何をしていくべきかを考える（　①　）思考
> が用いられている。（①）はいわば「（　②　）からの発想」であ
> り、（　③　）なものを生み出すことに適するが、つねに（　④　）
> しながら進める必要がある。

1）①バックキャスティング　　②現状の延長線上
　　③現実的　　　　　　　　　④将来の姿を予測
2）①バックキャスティング　　②未来
　　③創造的、革新的　　　　　④現実とのギャップを意識
3）①フォアキャスティング　　②現状の延長線上
　　③現実的　　　　　　　　　④将来の姿を予測
4）①フォアキャスティング　　②未来
　　③創造的、革新的　　　　　④現実とのギャップを意識

・解説と解答・

　SDGs では2030年の「あるべき姿」を設定し、そこに向けて、今何をしてい
くべきかを考えるバックキャスティング思考が用いられている。バックキャス
ティング思考とは、さまざまな課題を解決するための手法を考えるうえで、
「将来あろう姿、理想とする姿」を想定し、そこに至るためには現在何をすべ
きかを考えるいわば、未来からの発想で、創造的、革新的なものを生み出すこ
とに適するが、常に現実とのギャップを意識しながら進める必要がある。これ
に対して MDGs では現状分析、これまでの経験等をもとに積上げで将来の姿
を予測していくフォアキャスティング思考が用いられた。

<u>正解　2）</u>

1－8　トリプルボトムライン

《問》トリプルボトムラインに関する以下の文章の空欄①～③に入る語句の組合せとして、次のうち最も適切なものはどれか。

　　トリプルボトムラインは、企業活動を評価する際に、経済の側面だけではなく、（　①　）の側面や環境の側面を加えた3つの軸で評価するという考え方である。

　　ボトムラインとは、損益計算書の最終行、すなわち、企業活動の結果、創出された利益（あるいは損失）のことである。従来は、この経済的な側面からのみ企業活動を評価していたが、企業が持続可能であるために、それらに加えて人権配慮や社会貢献といった（①）の側面、資源節約や汚染対策など環境の側面を評価し、統合したより広い意味で「企業の利益」について考慮するようになった。

　　企業がトリプルボトムラインを考慮することによって、（　②　）利益を獲得することができるか、より（　③　）視点で経営戦略を検討することが期待される。

1）①社会　　②足元での　　③短期の
2）①国際性　②持続可能な　③短期の
3）①国際性　②足元での　　③中長期の
4）①社会　　②持続可能な　③中長期の

・ 解説と解答 ・

　トリプルボトムラインは、「経済」「社会」「環境」の三側面に立って中長期的な視点での経営戦略を検討し、持続可能な利益の獲得に繋げる企業評価の概念である。

正解　4）

1－9　気候変動に関する国際的な枠組み

《問》気候変動に関する国際的な枠組みに関する次の記述のうち、最も適切なものはどれか。

1）「気候変動に関する国際連合枠組条約」は、大気中の温室効果ガス（CO_2やメタンなど）の濃度を気候系に危害を及ぼさない水準で安定化させることを目的とした条約である。

2）「京都議定書」では、「先進国の温室効果ガス排出量について法的拘束力はないが数値目標を各国毎に設定」「国際的に協調して、目標を達成するための仕組みを導入」「途上国に対しては、数値目標などの新たな義務を導入しない」などが定められた。

3）国連気候変動枠組条約と生物多様性条約は、気候危機と生物多様性の損失というそれぞれの課題に対処した条約であり、別々に取り組む必要がある。

4）「パリ協定」は、世界共通の長期目標として、世界の平均気温上昇を産業革命以前に比べて3℃より十分低く保つとともに、2.5℃に抑える努力を追求することを求めている。

・解説と解答・

1）適切である。「気候変動に関する国際連合枠組条約（国連気候変動枠組条約（UNFCCC）」は1992年5月に採択され、1994年3月に発効した（締約国数：197カ国・機関）。本条約に基づき、1995年から毎年、気候変動枠組条約締約国会議（COP）が開催されている。この第2条 目的では、「気候系に対して危険な人為的干渉を及ぼすこととならない水準において大気中の温室効果ガスの濃度を安定化させることを究極的な目的とする」としている。「気候系」とは、気圏、水圏、生物圏および岩石圏の全体並びにこれらの間の相互作用をいう。なお、先進国や市場経済移行国以外の途上国には、温室効果ガス削減目標に言及されていない。

2）不適切である。京都議定書は、1997年に京都で開催された第3回気候変動枠組条約締約国会議（COP3）で採択された（締約国数：192カ国・機関）、気候変動への国際的な取組みを定めた条約である。同議定書では、国連気候変動枠組条約の附属書Ⅰ国（先進国および市場経済移行国）に対して、一定期間（約束期間）における温室効果ガス排出量の削減義務とし

て、法的拘束力のある1990年比の削減目標を国ごとに課したものである。2008年から2012年の第１約束期間の５年間で温室効果ガスを附属書Ⅰ国全体で少なくとも５％削減することを目標とした。日本は第１約束期間において、1990年比で６％削減することが定められた（結果は8.4％削減で目標達成）。

3）不適切である。「令和５年版　環境・循環型社会・生物多様性白書」によると、国連気候変動枠組条約と生物多様性条約は、「双子の条約」と呼ばれ、生物多様性の損失と気候危機の２つの世界的な課題は、現象の観点でもそれらへの対応策の観点でも正負の両面から相互に影響し合う関係にあり、一体的に取り組む必要があるとされている。

4）不適切である。パリ協定は、2015年12月にフランスのパリで開催された第21回気候変動枠組条約締約国会議（COP21）において、2020年以降の温室効果ガス排出削減等のための新たな国際枠組みとして採択され、すべての国が参加する公平な合意である。この合意において、京都議定書の成立以降、気候変動に関し、長らく日本が主張してきた「すべての国による取組み」が実現した。同協定は、SDGsの目標13「気候変動に具体的な対策を」に合致するものといえる。同協定の主な概要は、下記のとおりである。

・世界共通の長期目標として２℃目標の設定。1.5℃に抑える努力を追求すること。

・主要排出国を含むすべての国が削減目標を５年ごとに提出・更新すること。

・すべての国が共通かつ柔軟な方法で実施状況を報告し、レビューを受けること。

正解　1）

1－10　政府と産業界における気候変動対応

《問》日本の気候変動に関する以下の文章の空欄①～④に入る語句の組合せとして、次のうち最も適切なものはどれか。

　　政府は、2020年10月に、2050年に温室効果ガス排出の（　①　）という目標を掲げている。日本は、COP21で決定された（　②　）の下でGHGの排出削減がもとめられているなかで、産業界では、経団連を中心に2013年に「経団連低炭素社会実行計画」を策定し、2021年に「経団連カーボンニュートラル行動計画」と改め、企業に対してカーボンニュートラル（CN）実現に向けたビジョンの策定を呼びかけた。

　　金融界では、気候変動問題への取組施策の体系化を図るとともに、取組みをさらに強化するため、2021年に「カーボンニュートラルの実現に向けた（　③　）」を策定している。なお、グリーントランスフォーメーション（GX）に関しては、2050年の温室効果ガス排出の実質ゼロの実現に向け、政府の脱炭素戦略を盛り込んだ法律として、（　④　）が2023年5月に成立している。

1）①46％削減（2013年度比）　　②京都議定書
　③全銀協ガイドライン　　　　④GX推進法
2）①46％削減（2013年度比）　　②パリ協定
　③全銀協イニシアティブ　　　④GX脱炭素電源法
3）①カーボンニュートラル（CN）②京都議定書
　③全銀協ガイドライン　　　　④GX脱炭素電源法
4）①カーボンニュートラル（CN）②パリ協定
　③全銀協イニシアティブ　　　④GX推進法

・解説と解答・

　日本政府は、2020年10月に、2050年に温室効果ガス（GHG）排出のカーボンニュートラル（CN）という目標を掲げた。選択肢にある「46％削減」は、2021年4月に、2030年度において、GHG46％削減（2013年度比）を目指す数字のことである。日本は、COP21で決定されたパリ協定の下でGHGの排出削減がもとめられているなかで、産業界では、経団連を中心に2013年に「経団連

低炭素社会実行計画」を策定し、2021年には「経団連カーボンニュートラル行動計画」に改め、CN 実現に向けたビジョンの策定を呼びかけた。なお、選択肢にある京都議定書は、1997年 COP3で採択されたものである。

　金融界では、気候変動問題への取組施策の体系化を図るとともに、取組みをさらに強化するため、2021年に「カーボンニュートラルの実現に向けた全銀協イニシアティブ」を策定している。

　GX に関しては、2050年の GHG 排出の実質ゼロの実現に向け、政府の脱炭素戦略を盛り込んだ法律として、GX 推進法が2023年5月に成立している。なお、選択肢にある脱炭素電源法は、稼働から60年を超えた原子力発電所の運転を可能にするなど、既存の原発をできる限り活用する趣旨の法律である。

正解　4）

1－11　気候関連財務情報開示タスクフォース（TCFD）①

《問》気候関連財務情報開示タスクフォース（以下、TCFD という）に
関する次の記述のうち、最も適切なものはどれか。
1）TCFD は、G20財務大臣・中央銀行総裁会議の要請を受けて、米国
サステナビリティ会計基準審議会（SASB）によって設立された民
間主導のタスクフォースである。
2）日本の企業・団体による TCFD 提言への賛同表明は他国に比べて
少ないことから、日本政府は TCFD ガイダンスなどを作成し、日
本における TCFD の取組み拡大を後押ししている。
3）TCFD は、TCFD 提言のなかで組織運営のための3つの中核的要
素と11項目の推奨される開示内容を提言している。
4）国際サステナビリティ基準審議会（ISSB）が2023年6月に公表し
たサステナビリティ情報開示基準は、TCFD 提言における「ガバ
ナンス」、「戦略」、「リスク管理」、「指標と目標」という4つの中核
的要素をベースとして策定されている。

・解説と解答・

1）不適切である。気候関連財務情報開示タスクフォース（TCFD）は、金融
安定理事会（FSB）により設立され、銀行や保険会社、資産管理会社など
世界中の幅広い経済部門と金融市場のメンバーによって構成された民間主
導のタスクフォースである。気候変動が企業にもたらす財務的影響（リス
クや機会）が十分に認識されておらず、金融市場に混乱が生じるのではな
いかとの懸念により2015年に設立された。なお、2023年10月に TCFD は
その任務を全うしたとして、解散を発表している。
2）不適切である。TCFD 提言への賛同を表明する企業・団体等は2023年10
月12日現在、世界で4,800を超えており、そのうち日本の企業・団体によ
る賛同表明数は1,400超と世界最多である。
3）不適切である。TCFD は、TCFD 提言のなかで、組織運営のための次の
4つの中核的要素と11項目の推奨される開示内容を提言している。

中核的要素	推奨される開示の内容
ガバナンス	・気候関連のリスクおよび機会についての、取締役会による監視体制を説明する。 ・気候関連のリスクおよび機会を評価・管理するうえでの経営者の役割を説明する。
戦略	・組織が識別した、短期・中期・長期の気候関連のリスクおよび機会を説明する。 ・気候関連のリスクおよび機会が組織のビジネス・戦略・財務計画に及ぼす影響を説明する。 ・2℃以下シナリオを含む、さまざまな気候関連シナリオに基づく検討を踏まえて、組織の戦略のレジリエンスについて説明する。
リスク管理	・組織が気候関連リスクを識別・評価するプロセスを説明する。 ・組織が気候関連リスクを管理するプロセスを説明する。 ・組織が気候関連リスクを識別・評価・管理するプロセスが組織の総合的リスク管理にどのように統合されているかについて説明する。
指標と目標	・組織が、自らの戦略とリスク管理プロセスに即して、気候関連のリスクおよび機会を評価する際に用いる指標を開示する。 ・Scope 1、Scope 2、およびあてはまる場合は Scope 3 の温室効果ガス（GHG）排出量と、その関連リスクについて開示する。 ・組織が気候関連リスクおよび機会を管理するために用いる目標、および目標に対する実績について説明する。

4）適切である。ISSB が公表したサステナビリティ情報開示基準「IFRS
S1」および「IFRS S2」は、TCFD 提言で示された4つの中核的要素
「ガバナンス」、「戦略」、「リスク管理」、「指標と目標」に沿った形で情報
を開示することを要求している。

正解　4）

1 -12　気候関連財務情報開示タスクフォース（TCFD）②

《問》気候関連財務情報開示タスクフォース（以下、TCFD という）に
　　関する次の記述のうち、最も不適切なものはどれか。

1 ）2022年 1 月に改正された「企業内容等の開示に関する内閣府令」で
　は、TCFD 提言における 4 つの中核的要素のうち「ガバナンス」
　と「リスク管理」について、有価証券報告書および有価証券届出書
　での開示を義務づけている。

2 ）TCFD 提言では、気候関連のリスクを気候変動の物理的影響に関
　連したリスク（物理的リスク）と低炭素経済への移行に関連したリ
　スク（移行リスク）の 2 つに分類しており、このうち物理的リスク
　には、異常気象の激化などの事象を指す急性リスクや海面上昇など
　の原因となりうる気候パターンの長期的なシフトを指す慢性リスク
　が含まれる。

3 ）2021年 6 月に改訂されたコーポレートガバナンス・コードでは、プ
　ライム市場上場会社に対して、事実上、TCFD 提言に基づく情報
　開示が義務化されている。

4 ）TCFD 提言では、ビジネス・戦略・財務計画に対する気候変動の
　潜在的影響を評価する手段としてシナリオ分析を行うことを推奨し
　ており、気候関連リスクに晒されるすべての組織が、最も実現性が
　高いと想定されるシナリオを 1 つ選定し、その 1 つのシナリオにつ
　いて組織の戦略・財務計画に気候関連リスクが及ぼす影響を分析
　し、開示することを求めている。

・解説と解答・

1 ）適切である。金融庁は2022年 1 月に「企業内容等の開示に関する内閣府
　令」を改正し、有価証券報告書および有価証券届出書に「サステナビリテ
　ィに関する考え方及び取組」の記載欄を新設した。TCFD 提言における
　4 つの中核的要素のうち、「ガバナンス」と「リスク管理」については必
　須記載事項とし、「戦略」および「指標と目標」については重要性に応じ
　て記載を求めている。

2 ）適切である。

3 ）適切である。2021年 6 月に改訂されたコーポレートガバナンス・コード

22

は、情報開示の充実について定める原則３が改訂され、プライム市場上場会社については、TCFD 提言またはそれと同等の国際枠組に基づく開示の質と量の充実を進めるべきであるとの内容が追加された。これは、気候関連情報開示の重要性が高まっている状況を踏まえると、事実上、TCFD 提言に基づく情報開示の義務化であるといえる。

〈コーポレートガバナンス・コード（抜粋)〉
【補充原則３－１③】
　上場会社は、経営戦略の開示に当たって、自社のサステナビリティについての取組みを適切に開示すべきである。また、人的資本や知的財産への投資等についても、自社の経営戦略・経営課題との整合性を意識しつつ分かりやすく具体的に情報を開示・提供すべきである。
　特に、プライム市場上場会社は、気候変動に係るリスク及び収益機会が自社の事業活動や収益等に与える影響について、必要なデータの収集と分析を行い、国際的に確立された開示の枠組みである TCFD またはそれと同等の枠組みに基づく開示の質と量の充実を進めるべきである。

４）不適切である。TCFD 提言では、ビジネス・戦略・財務計画に対する気候変動の潜在的影響を評価する手段としてシナリオ分析を行うことを推奨している。シナリオ分析において重要なことは、将来の結果について、望ましいものも望ましくないものも含め、妥当なバラエティをカバーする一連のシナリオを１つだけではなく複数選定し、起こりうるさまざまな将来の状況において、組織の先々の戦略や財務計画がどのくらい堅牢であるかを、すべてのステークホルダーが理解できるように開示することであるとしている。

正解　４）

1－13　気候関連財務情報開示タスクフォース（TCFD）③

《問》気候関連財務情報開示タスクフォース（以下、TCFD という）における気候変動の移行リスクと機会に関する次の記述のうち、適切なものはいくつあるか。

①気候変動の移行リスクのうち、評判リスクとは、低炭素経済への移行に対し、当該企業の活動が貢献したり、価値を貶めたりすることと、顧客の変化や社会の認識の変化が結びついたリスクとされている。

② TCFD 提言では、低炭素経済への移行リスクとして、政策および法規制リスク、技術リスク、評判リスクの３つのリスクが定義されている。

③ TCFD 提言では、気候関連の機会として、「低排出型の新たな製品やサービスのイノベーションと開発」が示されている。その一例として、消費財やサービスのマーケティングやラベリングにあたって、製品のカーボン・フットプリントをより重視することを挙げている。

④ TCFD 提言では、気候変動の移行リスクに対して、企業が完全に排除することを目指す方向で検討するよう提言している。

1）1 つ
2）2 つ
3）3 つ
4）4 つ

・解説と解答・

①適切である。気候変動は、低炭素経済への移行に関する組織の寄与もしくは損失に対する顧客または地域社会の認知の変化が評判リスクにつながる潜在的な原因と認識されている。

②不適切である。TCFD 提言では、これに加えて市場リスクがあげられており、合計４つのリスクが定義されている。

③適切である。新しい低排出製品およびサービスを革新し開発する組織は、競争上の地位を向上させ、消費者嗜好および生産者による選択の変化を利用す

ることができる。

④不適切である。TCFD 提言では、リスクについて排除する方向性を示しているわけではなく、当該企業のビジネス活動に関連のある気候関連のリスクおよび機会を評価し、開示するように推奨している。

したがって、適切なものは、2つである。

正解　2）

■移行リスクの例と潜在的財務インパクト

種類	移行リスクの例	潜在的財務インパクト
施策・法規制	・GHG 排出価格の上昇 ・排出量の報告義務の強化 ・既存の製品・サービスへの法規制 ・訴訟	・運営コストの増加（例：コンプライアンスコスト、保険料値上げ） ・ポリシー変更による資産の減価償却、減損、既存資産の期限前除却 ・罰金と判決による製品・サービスのコスト増や需要減
技術	・既存の製品・サービスを低炭素のものに置き換え ・新技術への投資の失敗 ・低炭素技術への移行コスト	・既存資産の償却および早期エグジット ・製品・サービスの需要減 ・新技術と代替技術の研究開発費（R&D）、技術開発に向けた設備投資 ・新たな実務とプロセスを採用・導入するためのコスト
市場	・顧客行動の変化 ・市場シグナルの不確実性 ・原材料コストの上昇	・消費者の嗜好の変化による商品・サービスの需要の減少 ・原料価格（例：エネルギー、水）および廃棄物の要求事項（例：廃棄物処理） ・エネルギーコストの急激かつ予期せぬ変化 ・収益構成と収益源の変化、収益減少に帰着 ・資産の再評価（例：化石燃料備蓄、土地評価、有価証券評価）

		・商品・サービスに対する需要減による収益減
評判	・消費者の嗜好変化 ・特定セクターへの非難 ・ステークホルダーの懸念の増大・否定的なフィードバック	・生産能力の低下による収益減（例：計画承認の遅延、サプライチェーンの中断） ・労働者の管理と計画への悪影響による収益の減少（例：従業員の魅力と定着） ・資本の利用可能性研の低下

出典：環境省「TCFD 提言に沿った気候変動リスク・機会のシナリオ分析実践ガイド（銀行セクター向け）」p. 16

1−14　生物多様性の保全

《問》生物多様性を保全する取組みに関する次の記述のうち、最も不適切
なものはどれか。

1）2023年に閣議決定された「生物多様性国家戦略2023-2030」におい
て、生物多様性損失の根本的な要因としては、生活・消費活動にお
いて資源の持続可能性に配慮した選択をする行動が当然となるよう
な社会経済の構造となっておらず、それを支える価値観が醸成され
ていないことが指摘されている。

2）30by30（サーティ・バイ・サーティ）とは、2030年までに生物多
様性の損失を食い止め、回復させる（ネイチャーポジティブ）とい
うゴールに向け、2030年までに陸と海の30％以上を健全な生態系と
して効果的に保全しようとする目標である。

3）国連の「生物の多様性に関する条約（生物多様性条約）」では、生
態系の多様性・種の多様性という2つのレベルでの多様性を保全す
ることを目指している。

4）「生物多様性と生態系サービスに関する地球規模評価報告書」（2020
年3月）によると、生態系劣化の直接的な原因として①土地と海の
利用の変化、②生物の直接採取、③気候変動、④汚染、⑤外来種の
侵入の5つが挙げられている。

・解説と解答・

1）適切である。日本では、1995年に最初の生物多様性国家戦略を策定し、こ
れまで4回の見直しを行っている。2022年カナダ・モントリオールにおい
て開催された第15回生物多様性条約締約国会議（COP15）で採択された
2030年までの世界目標「昆明・モントリオール生物多様性枠組」が採択さ
れたことを受け、日本では2023年に「生物多様性国家戦略2023-2030」が
策定された。同戦略は、2030年のネイチャーポジティブ（自然再興）の実
現を目指し、地球の持続可能性の土台であり人間の安全保障の根幹である
生物多様性・自然資本を守り活用するための戦略として位置づけられてい
る。

2）適切である。30by30（サーティ・バイ・サーティ）とは、2021年6月に
英国で開催されたG7サミットにおいて、コミュニケの付属文書として合

意された「G7 2030年自然協約（G7 2030 Nature Compact）」において、2030年までに生物多様性の損失を食い止め、反転させるという目標達成に向け、G7各国が自国の少なくとも同じ割合を保全・保護することを約束した。

3）不適切である。生物多様性条約は、生物の多様性を「種」「遺伝子」「生態系」の3つのレベルで捉え、その保全などを目指す国際条約である。生態系の多様性とは、森林、里山、河川など環境が多様に存在することで、種の多様性とは、動植物から微生物まで、多種多様な生物が育まれることである。遺伝子の多様性とは、同じ種でも地域によって個体の形や模様、生態が異なる遺伝子レベルでの違いがあることを指す。また、この条約は、生物資源を適切に利用し、持続可能な方法で活用するための枠組みのほか、遺伝資源の利用による経済的利益を公正に分配するための規定を定めている。

4）適切である。「生物多様性と生態系サービスに関する地球規模評価報告書」は、IPBES（生物多様性と生態系サービスに関する政府間科学―政策プラットフォーム）によって提供されている。IPBESは、130を超える加盟国を持つ独立した政府間組織である。

__正解　3）__

1－15　自然関連財務情報開示タスクフォース（TNFD）

《問》自然関連財務情報開示タスクフォース（TNFD）に関する次の記述のうち、最も不適切なものはどれか。

1）2023年9月に発表された「自然関連財務情報開示タスクフォース（TNFD）提言 ver.1.0」では、気候関連財務情報開示タスクフォース（TCFD）と整合した、「ガバナンス」、「戦略」、「リスク＆インパクト・マネジメント」、「指標と目標」という4つの柱で、開示推奨項目を定めている。

2）TNFDで推奨されているLEAPアプローチとは、「Learn（学習する）」、「Evaluate（診断する）」、「Assess（評価する）」、「Prepare（準備する）」の各ステップを踏むことで自然関連課題を評価するための統合的アプローチのことである。

3）2022年12月に採択された「昆明・モントリオール生物多様性枠組」では、「自然を回復軌道に乗せるために生物多様性の損失を止め反転させるための緊急の行動をとる」ことを2030年のミッションに据えて、これを達成するために23の目標を定めている。

4）TNFDは、現時点（2024年7月1日）で開示は任意という扱いだが、TNFDの枠組みに従って「早期開示宣言」を行った企業が全世界で300社を超えている。

・解説と解答・

1）適切である。TNFDではTCFD提言と整合した4つの柱で、14の開示推奨項目を定めている。4つの柱のうち、TCFD提言では「リスクマネジメント」であるところを、TNFDでは「リスク＆インパクト・マネジメント」としている。

2）不適切である。LEAPアプローチは、スコーピングという事前調査を経たうえで、自然との接点を発見し（Locate：発見する）、自然への依存関係とインパクトを診断し（Evaluate：診断する）、自然関連のリスクと機会を特定・測定・優先順位づけをして（Assess：評価する）、目標と指標を定めて課題に対処する（Prepare：準備する）というステップを踏むことで自然関連課題を評価するための統合的アプローチのことである。

3）適切である。「昆明・モントリオール生物多様性枠組」は、生物多様性に

関する2020年までの世界目標であった「愛知目標」の後継として採択された。生物多様性の損失を止めることにとどまらず、回復させること（ネイチャーポジティブ）を目標に据えたことが特徴である。

4 ）適切である。現時点では TNFD の開示は義務ではない。2024年1月に開催された世界経済フォーラムの年次総会（ダボス会議）で、TNFD の枠組みに従って「早期開示宣言」を行った企業が320社にのぼったと発表した。なお、日本は、80社以上で国別に最多となっている。

<u>正解　2 ）</u>

1-16　日本のエネルギーの現状

《問》日本のエネルギーの現状に関する次の記述のうち、最も適切なものはどれか。

1）再生可能エネルギー源とは、太陽光・風力・水力・地熱・太陽熱・大気中の熱、その他の自然界に存する熱・バイオマスを指す。
2）日本のエネルギー政策は、安全性を前提に、エネルギーの安定供給と、低コストでエネルギーを供給する経済効率性の2軸をもとに、計画、実施されている。
3）日本の電源構成に占める再生可能エネルギー比率は、2017年度時点で約16％となっており、この比率はドイツやイギリスと比べて、高い水準にある。
4）日本のエネルギー自給率は、東日本大震災以降、上昇傾向にある一方で、化石燃料依存度（電源構成ベース）は東日本大震災以降、低下傾向にある。

・解説と解答・

1）適切である。エネルギー供給構造高度化法において、再生可能エネルギー源については、「太陽光、風力その他非化石エネルギー源のうち、エネルギー源として永続的に利用することができると認められるものとして政令で定めるもの」とされている。さらに政令において、本肢のとおり、具体的に定められている。
2）不適切である。日本のエネルギー政策は、安全性（Safety）を前提としたうえで、エネルギーの安定供給（Energy Security）を第一とし、経済効率性の向上（Economic Efficiency）による低コストでのエネルギー供給を実現し、同時に、環境への適合（Environment）を図るという「S＋3E」の視点が大原則とされている。
3）不適切である。2017年度時点の電源構成に占める再生可能エネルギー比率について、ドイツの33％、イギリスの29％と比べ、日本は16％と低い水準にある。日本のエネルギーミックスの計画（2030年度）において、再生可能エネルギー比率を22〜24％と見通しており、この水準の実現を目指している。なお、フランスは原子力発電が電源構成に占める割合は約7割、中国は石炭が約7割を占めるなど、国・地域によって電源構成の状況

が異なる。

4）不適切である。日本のエネルギー自給率は、東日本大震災前に約20％だっ
　　たものが、2016年時点で8％まで低下した一方で、化石燃料依存度（電源
　　構成ベース）は東日本大震災前の62％から2016年時点で83％まで上昇し
　　た。日本のエネルギー供給のうち、石油や石炭、天然ガスなどの化石燃料
　　が8割以上を占めており、そのほとんどを海外に依存している。

正解　1）

1－17　グリーン成長戦略①

《問》「2050年カーボンニュートラルに伴うグリーン成長戦略（令和3年
　　　6月18日）」（以下、本戦略という）に関する次の記述のうち、最も
　　　不適切なものはどれか。

1）本戦略によると、2050年カーボンニュートラルを達成するためには
　　電力部門の脱炭素化が大前提であるものの、現在の技術水準を前提
　　とすれば、すべての電力需要を100％単一種類の電源で賄うことは
　　困難であり、あらゆる選択肢を追求する必要があるとされている。

2）本戦略によると、CO_2や熱の排出が大きい火力発電の活用は、最小
　　限に留め、廃止を目指す方向で検討されている。

3）本戦略によると、電力需要は、電力部門以外（産業・運輸・業務・
　　家庭部門）の電化によって一定程度増加することが見込まれ、熱需
　　要には、水素などの脱炭素燃料、化石燃料からのCO_2の回収・再
　　利用を活用する計画である。

4）日本は、2030年度における新たな温室効果ガス削減目標として、
　　2013年度比で46％削減を目指し、さらに50％の高みに向けて挑戦を
　　続けることを表明している。

・解説と解答・

　2020年10月、日本は「2050年カーボンニュートラル」を宣言した。2021年4
月には、2030年の新たな温室効果ガス削減目標として、2013年度から46％削減
することを目指し、さらに50％の高みに向けて挑戦を続けるとの新たな方針も
示された。温暖化への対応を経済成長の制約やコストとする時代は終わり、国
際的にも成長の機会と捉える時代にある。「2050年カーボンニュートラルに伴
うグリーン成長戦略」は、従来の発想を転換し、積極的に対策を行うことが産
業構造や社会経済の変革をもたらし、次なる成長につなげる産業政策として位
置付けられている。

1）適切である。産業部門・運輸部門・業務部門・家庭部門での電化の進展に
　　より電力需要が増大することが想定されている。増大する電力需要を賄う
　　ために、再生可能エネルギーの他、原子力、水素・アンモニア、CCUS／
　　カーボンリサイクルなど、あらゆる選択肢を追求する重要性が示唆され
　　た。

2）不適切である。火力発電は、「CO_2回収を前提とした利用を選択肢として最大限追求し、技術を確立し、適地を開発し、併せてコストを低減していく」とされている。世界的にも、アジアを中心に火力発電は必要最小限使わざるを得ないとされており、こうした状況を踏まえ、水素発電を選択肢として最大限追求していく必要があるとされる。

3）適切である。電力部門以外（産業・運輸・業務・家庭部門）の電化により、電力需要は一定程度増加することが見込まれるため、省エネ関連産業を成長分野として育成していく必要がある。また、熱需要には、水素などの脱炭素燃料、化石燃料からのCO_2の回収・再利用を活用していくとともに、ガス供給事業の在り方を、次世代熱エネルギー供給として対応（総合エネルギーサービス企業への転換等）できるよう、大きく成長させる必要がある。

4）適切である。日本は、2021年4月に、地球温暖化対策推進本部の決定を踏まえ、米国主催気候サミットにおいて、2050年カーボンニュートラルと整合的で野心的な目標として、2030年度に温室効果ガスを2013年度から46%削減すること、さらに50%の高みに向け挑戦を続けることを表明している。

<u>正解　2）</u>

1－18　グリーン成長戦略②

《問》「2050年カーボンニュートラルに伴うグリーン成長戦略（令和3年
　　6月18日）」（以下、「本戦略」という）に関する次の記述のうち、
　　最も適切なものはどれか。
1）本戦略では、分野横断的な主要な政策ツールの1つとして、2000億
　　円の「グリーンイノベーション基金」を創設した。
2）本戦略では、2050年カーボンニュートラルへの挑戦に成長戦略とし
　　て取り組む観点から、今後の産業としての成長が期待される重要分
　　野であって、温室効果ガスの排出削減の観点からも2050年カーボン
　　ニュートラルを目指すうえでの取組みが不可欠な10分野において、
　　「実行計画」を策定している。
3）本戦略では、成長が期待される重要分野における重点技術等につい
　　て、研究開発、実証、導入拡大、自立商用といった各フェーズに応
　　じた2050年までの時間軸をもった工程表が提示されている。
4）本戦略では、原子力産業については、原子力エネルギーの安全性や
　　放射性廃棄物などへの懸念から、縮小していく方針が掲げられてい
　　る。

・解説と解答・

　2050年カーボンニュートラルに伴うグリーン成長戦略は、民間投資を後押し
し、240兆円の現預金の活用を促し、ひいては3,000兆円ともいわれる世界中の
環境関連の投資資金を日本に呼び込み、雇用と成長を生み出すための政策ツー
ルを総動員するものである。グリーン成長戦略は、重要分野ごとに①年限を明
確化した目標、②研究開発・実証、③規制改革・標準化などの制度整備、④国
際連携、などを盛り込んだ「実行計画」を策定し、関係省庁が一体となって取
り組んでいくとしている。
1）不適切である。本戦略は、分野横断的な主要な政策ツールの1つとして、
　　新エネルギー・産業技術総合開発機構（NEDO）に2兆円の「グリーン
　　イノベーション基金」を創設した。グリーンイノベーション基金は、カー
　　ボンニュートラル社会に不可欠で産業競争力の基盤となる重点分野につい
　　て、本戦略の実行計画を踏まえ、意欲的な2030年目標を設定し、そのター
　　ゲットへのコミットメントを示す企業による野心的な研究開発に対し、10

年間継続して支援するものである。

2 ）不適切である。本戦略では、成長が期待されるは10分野ではなく14分野である。

3 ）適切である。本戦略で示されている各重要分野の実行計画では、当該分野における現状と課題、今後の取組方針が示されたうえで、2050年までの時間軸をもった工程表が提示されている。重要分野における成長を実現するうえで鍵となる重点技術等については、研究開発フェーズ、実証フェーズ、導入拡大フェーズ、自立商用フェーズを意識し、国際競争力を強化しつつ自立的な市場拡大につなげるための具体策が提示されている。

4 ）不適切である。本戦略では、原子力を含めたあらゆる選択肢を追求することが重要である、とされている。具体的な原子力産業に係る実行計画として、①国際連携を活用した高速炉開発の着実な推進、②2030年までに国際連携による小型モジュール炉技術の実証、③2030年までの高温ガス炉における水素製造に係る要素技術確立、④ITER計画等の国際連携を通じた核融合研究開発の着実な推進を目指すことを掲げている。

正解　3 ）

■成長が期待される14分野とその計画

1　洋上風力・太陽光・地熱 ・2040年、3,000～4,500万kWの案件形成【洋上風力】 ・2030年、次世代型で14円/kWhを視野【太陽光】	2　水素・燃料アンモニア ・2050年、2,000万トン程度の導入【水素】 ・東南アジアの5,000億円市場【燃料アンモニア】
3　次世代熱エネルギー ・2050年、既存インフラに合成メタンを90%注入	4　原子力 ・2030年、高温ガス炉のカーボンフリー水素製造技術を確立
5　自動車・蓄電池 ・2035年、乗用車の新車販売で電動車100%	6　半導体・情報通信 ・2040年、半導体・情報通信産業のカーボンニュートラル化
7　船舶 ・2028年よりも前倒しでゼロエミッション船の商業運航実現	8　物流・人流・土木インフラ ・2050年、カーボンニュートラルポートによる港湾や、建設施工等における脱炭素化を実現

9　食料・農林水産業 ・2050年、農林水産業における化石燃料起源の CO_2 ゼロエミッション化を実現	10　航空機 ・2030年以降、電池などのコア技術を、段階的に技術搭載
11　カーボンリサイクル・マテリアル ・2050年、人工光合成プラを既製品並み【CR】 ・ゼロカーボンスチールを実現【マテリアル】	12　住宅・建築物・次世代電力マネジメント ・2030年、新築住宅・建築物の平均でZEH・ZEB【住宅・建築物】
13　資源循環関連 ・2030年、バイオマスプラスチックを約200万トン導入	14　ライフスタイル関連 ・2050年、カーボンニュートラル、かつレジリエントで快適なくらし

出典：2050年カーボンニュートラルに伴うグリーン成長戦略

1－19　カーボンニュートラル①

《問》カーボンニュートラルの取組みに関する次の記述のうち、最も不適
切なものはどれか。

1 ）カーボンニュートラルとは、温室効果ガスの排出量を完全にゼロに
抑えることである。
2 ）「2050年カーボンニュートラル」の実現には、温室効果ガス排出の
8 割以上を占めるエネルギー分野の取組みが重要であり、この高い
目標の実現に向けては、産業界、消費者、政府など国民各層が総力
を挙げて取り組むことが必要である。
3 ）2022年 5 月時点で2050年等の年限付きのカーボンニュートラルの実
現を表明した国・地域は合計で150を超え、中国については2060年
のカーボンニュートラルの実現を表明している。
4 ）2023年11月に開催された第28回気候変動枠組条約締約国会議
（COP28）では、パリ協定の目的達成に向けた世界全体の進捗を評
価する「グローバルストックテイク」について初めての決定が採択
された。

・解説と解答・

1 ）不適切である。カーボンニュートラルとは、温室効果ガス（GHG）の排
出量と吸収量・除去量を均衡させて、温室効果ガスの排出を全体としてゼ
ロにすることを意味する。温室効果ガスを排出しないということではな
い。カーボンニュートラルの実現に向けて日本では、電力部門において、
再エネや原子力などで着実に脱炭素化を進めるとともに、水素・アンモニ
アを使った発電や CCUS（CO_2回収・有効利用・貯蓄）、カーボンリサイ
クルなどによる脱炭素化を図っていく必要がある。また、非電力部門で
は、脱炭素化された電力による電化を進め、高温の熱が必要な産業など電
化が難しい部門については、水素や合成燃料などを活用して脱炭素化を図
っていく必要がある。
2 ）適切である。
3 ）適切である。「エネルギー白書2023」によると、2022年 5 月時点で、2050
年までのカーボンニュートラル表明国は150カ国を超えているとしている。
なお、中国は、2060年までのカーボンニュートラルを表明している。

4）適切である。グローバル・ストックテイクとは、パリ協定の目的や長期目
標と比較して、国際社会全体の温暖化対策の進み具合がどの位置にあるの
かを、各国による温暖化対策や支援に関する状況や、IPCC の最新報告書
などの情報を基にして、5 年ごとに評価するための制度のことである。今
回、2023年が初回の評価となった。COP28では、本肢のほか、ロス＆ダ
メージ（気候変動の悪影響に伴う損失と損害）に対応するための基金を設
立することが決定された。基金（名称はこれから基金の理事会で決定され
る）は、世界銀行のもとに設置され、気候変動の影響に特に脆弱な途上国
を支援の対象として、先進国が立ち上げ、経費を拠出する。

正解　1）

1-20　カーボンニュートラル②

《問》カーボンニュートラルの取組みに関する次の記述のうち、最も不適
　　切なものはどれか。
1）地方自治体による2050年カーボンニュートラルの決意・コミットメ
　　ント（ゼロカーボンシティ宣言）は、全国に拡大し、2023年12月時
　　点で1000自治体を超えている。
2）国・地方脱炭素実現会議は2021年に「地域脱炭素ロードマップ」を
　　公表し、地域脱炭素の実現に向けて2023年11月までに74の脱炭素先
　　行地域を選定している。
3）経済産業省が設立した「GXリーグ」とは、2050年カーボンニュー
　　トラル実現と経済社会システム全体の変革を見据えて、GX（グリ
　　ーントランスフォーメーション）への挑戦を行い、現在および未来
　　社会における持続的な成長実現を目指す企業が、同様の取組みを行
　　う企業群や官・学とともに協働する場である。
4）「クライメート・トランジション・ファイナンスに関する基本指針」
　　によれば、資金調達を必要とする個別プロジェクト（資金充当対
　　象）のみに着目して、当該対象がカーボンニュートラルに関係する
　　ものであれば、トランジション・ファイナンスといえる。

・解説と解答・

1）適切である。ゼロカーボンシティとは、2050年にCO_2排出を実質ゼロに
　　することを目指す旨を、首長自ら、または地方自治体として公表した地方
　　自治体をいう。
2）適切である。2021年6月に公表された「地域脱炭素ロードマップ」は、
　　2030年度目標および2050年を待たずに脱炭素達成という野心的な目標に向
　　けて、2025年度までの5年間を集中期間とし、政策を総動員して地域脱炭
　　素の取組みを図ることを目的としている。
3）適切である。経済産業省は2023年4月から賛同企業とともに、官・学・金
　　一体として経済社会システム全体の変革のための議論と新たな市場の創造
　　のための実践を行う場としての「GXリーグ」の活動を開始した。GXリ
　　ーグは、①GX実践企業の行動指針の議論、②市場創造のためのルール形
　　成、③企業のGX投資の適切な評価の3つを柱に、カーボンニュートラル

に向けた社会構造変革のための価値を提供することを目的としている。

4）不適切である。「クライメート・トランジション・ファイナンスに関する基本指針」によれば、トランジション・ファイナンスの投融資対象については、資金調達を必要とする個別プロジェクト（資金充当対象）のみに着目するのではなく、脱炭素に向けた事業者の「トランジション戦略」やその戦略を実践する信頼性、透明性を総合的に判断するものである。なお、クライメート・トランジション・ファイナンスとは、気候変動への対策を検討している企業が、脱炭素社会の実現に向けて、長期的な戦略に則った温室効果ガス削減の取組みを行っている場合に、その取組みを支援することを目的とした金融手法をいう。温室効果ガスの削減が困難なセクターにおける省エネ等の着実な低炭素化に向けた取組みや、脱炭素化に向けた長期的な研究開発等の脱炭素への移行（トランジション）に資する取組みへの資金供給を促進することを目的としている。

<u>正解　4）</u>

1 −21　ISO

《問》国際標準化機構（ISO）が策定した「ISO14001」「ISO20400」
「ISO26000」に関する次の記述のうち、最も適切なものはどれか。
1）ISO14001とは、国際標準化機構（ISO）が策定した「環境マネジメ
ントシステム」に関する認証規格であり、組織の自主的な環境への
取組みを支援する目的で策定された。
2）ISO26000とは、国際標準化機構（ISO）が策定した「持続可能な調
達」に関する国際規格で、ISO20400（社会的責任）の内容のうち
「調達サプライチェーン」の部分を補完する内容となっている。
3）ISO20400とは、国際標準化機構（ISO）が策定した「社会的責任」
に関する国際規格で、主要テーマは、組織統治や人権、労働慣行、
環境、公正な事業慣行、消費者に関する課題、コミュニティへの参
画と発展の7つである。
4）ISO20400とISO26000は、ともにESG領域で重視される人権や労
働慣行、環境などをテーマとした認証規格である。

・解説と解答・

1）適切である。ISO14001とは、国際標準化機構（ISO）が策定した「環境マ
ネジメントシステム」に関する認証規格である。同規格は組織における環
境リスクを分析し、そのリスクを低減していくためのマネジメントシステ
ムを構築するための指針として位置付けられる。なお、環境マネジメント
とは、経営方針のなかに環境方針を取り入れ、その環境方針に基づいて計
画を立て、実施するという一連の企業活動をいう。日本では、ISO14001
の取得が官公庁案件の入札加点対象となっている。
2）不適切である。ISO20400とは、「持続可能な調達」に関する国際規格で、
「社会的責任」に関する国際規格であるISO26000の内容のうち「調達サプ
ライチェーン」の部分を補完し、企業や団体が調達を通じて持続可能な開
発に寄与するための指針を示すものとして位置付けられている。
3）不適切である。ISO20400とは、国際標準化機構（ISO）が策定した「持続
可能な調達」に関する国際規格である。「社会的責任」に関する国際規格
がISO26000であり、その内容のうち「調達サプライチェーン」の部分を
補完する内容がISO20400である。企業や団体が調達を通じて持続可能な

開発に寄与するための指針を示すものとして位置付けられている。

4）不適切である。ISO20400とISO26000は、ともに認証規格ではなく、ESG
領域で重視される人権や労働慣行、環境などのテーマを中核主題としたガ
イドラインの扱いである。

<u>正解　1）</u>

1-22　健康経営、健康経営銘柄、人的資本

《問》健康経営、健康経営銘柄に関する次の記述のうち、最も不適切なものはどれか。

1 ）健康経営は、ESG（環境・社会・ガバナンス）における"S"に位置付けられ、機関投資家においては、健康経営優良法人の認定の有無を ESG の評価基準に組み入れる動きがある。

2 ）人的資本経営とは、人材を「資本」として捉え、その価値を最大限に引き出すことで、中長期的な企業価値向上につなげる経営のあり方を指す。

3 ）「人材版伊藤レポート2.0」によると、企業競争力強化に向けた投資促進の機運が高まるなか、人的資本経営の実践においては、経営戦略からは独立したものとして、人事戦略を構築することが指摘されている。

4 ）プレゼンティーズムとは、欠勤にはいたっておらず勤怠管理上は表に出てこないが、健康問題が理由で生産性が低下している状態を意味し、アブセンティーズムは健康問題による仕事の欠勤（病欠）を意味する。

・解説と解答・

1 ）適切である。「健康経営」とは、従業員等の健康管理を経営的な視点で考え、戦略的に実践することである。企業理念に基づき、従業員等への健康投資を行うことは、従業員の活力向上や生産性の向上等の組織の活性化をもたらし、結果的に業績向上や株価向上につながると期待されている。

2 ）適切である。2022年 5 月に公表された「人的資本経営の実現に向けた検討会報告書～人材版伊藤レポート2.0～」では、経営戦略と連動した人材戦略を策定・実践するために必要な 3 つの視点、 5 つの共通要素が示されている（図表参照）。

3 ）不適切である。「人材版伊藤レポート2.0」では、経営戦略と人材戦略を連動させるための取組みが持続的に企業価値の向上に必要とされている。人事戦略の検討にあたっては、経営陣が主導し、経営戦略とのつながりを意識しながら、重要な人材面の課題について、具体的なアクションや KPIを考えることが求められる。

4）適切である。プレゼンティーズムおよびアブセンティーズムは、世界保健
　機関（WHO）によって提唱された健康問題に起因したパフォーマンスの
　損失を表す指標である。オフィス環境を整備し、健康の保持・増進を誘発
　することでそれらの解消につながるとされる。

正解　3）

■人材戦略に求められる３つの視点・５つの共通要素

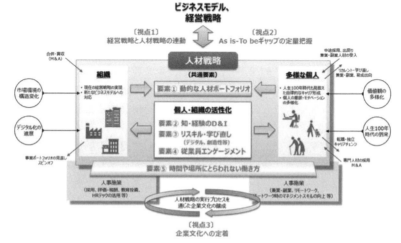

出典：人的資本経営の実現に向けた検討会報告書〜人材版伊藤レポート2.0〜

1-23　女性活躍推進（ジェンダー平等）、なでしこ銘柄

《問》「女性の職業生活における活躍の推進に関する法律（女性活躍推進法）」と「なでしこ銘柄」に関する次の記述のうち、最も不適切なものはどれか。

1) 女性活躍推進法では、原則、常時雇用する従業者の数が101人以上の一般事業主に対し、自社の女性の活躍に関する状況把握・課題分析、行動計画の策定、社内周知・公表、行動計画策定の届出、計画の実行・効果の測定というPDCAサイクルを回すことが義務付けられている。

2) 一般事業主行動計画の策定の届出を行った事業主のうち、女性の活躍推進に関する取組状況が優良である事業主は、都道府県労働局への申請により、厚生労働大臣から「えるぼし」認定を受けることができる。

3) 育児・介護休業法では、2023年4月1日以降に、常時雇用する労働者が1,000人を超える事業主に対して、男性労働者を除いた育児休業等の取得状況の公表が義務付けられている。

4) 女性活躍推進に優れた上場企業が対象となる「なでしこ銘柄」の選定には、女性活躍度調査のスコアリング結果に加えて、財務指標や企業のランキングなども考慮される。

・解説と解答・

1) 適切である（女性活躍推進法8条、20条）。なお、常時雇用する従業者の数が100人以下の一般事業主については、本肢の取組みは努力義務とされる。

2) 適切である（女性活躍推進法9条）。えるぼし認定企業のうち、一般事業主行動計画の目標達成や女性の活躍推進に関する取組状況が特に優良である等の一定の要件を満たした場合には、さらに「プラチナえるぼし」認定を受けることができる。なお、認定を受けた事業主は、認定マーク「えるぼし」または「プラチナえるぼし」を自社商品などに付すことができる。

3) 不適切である。2023年4月1日に施行された育児・介護休業法では、公表を行う日の属する事業年度（会計年度）の直前の事業年度（公表前事業年度）の男性の「育児休業等の取得割合」、または「育児休業等と育児目的

休暇の割合」が公表義務の対象となっている。

4）適切である。「なでしこ銘柄」は、経済産業省と東京証券取引所が共同で、2012年より女性活躍推進に優れた上場企業を選定したものである。「なでしこ銘柄」の選定には、①上場会社単体ベースにおいて、女性取締役が1名以上（社内・社外は問わない）、②女性活躍推進法に基づく行動計画の策定（従業員数101人以上の企業）、③「女性活躍推進データベース」に女性管理職比率を開示、④直近3年間平均ROEがマイナスではない、といった一定のスクリーニング要件を満たした企業について、女性活躍度調査のスコアリング結果に財務指標（ROE）による加点を経て、業種ごとに上位にランクインした企業が選定される。

正解　3）

1−24　エシカル消費

《問》エシカル消費（倫理的消費）に関する次の記述のうち、最も不適切
なものはどれか。
1）エシカル消費とは、消費者それぞれが各自にとっての社会的課題の
　解決を考慮したり、そうした課題に取り組む事業者を応援したりし
　ながら消費活動を行うことをいい、SDGsの17の目標（ゴール）の
　うち、特に目標9「産業と技術革新の基盤をつくろう」に関連する
　取組みである。
2）エシカル消費の具体的な商品例として、障害者支援につながる商品
　や寄付がついた商品、リサイクル製品、資源保護等に関する認証が
　ある商品、被災地産品などが挙げられる。
3）エシカル消費は、一般に、商品選択において、「安心・安全」、「品
　質」、「価格」に次ぐ「第4の尺度」といわれている。
4）「令和5年度消費者意識調査（第3回）」によると、エシカル消費に
　つながる商品・サービスの購入意向としては、男性よりも女性のほ
　うが積極的な姿勢である。

・解説と解答・

1）不適切である。消費者庁WEBサイトによると、エシカル消費は、SDGs
　の目標12「つくる責任、使う責任」に関連する取組みとされている。な
　お、「エシカル（ethical）」は、倫理的・道徳的という意味であるが、消費
　者それぞれが各自にとって社会的課題の解決を考慮したり、そうした課題
　に取り組む事業者を応援したりしながら消費行動を行うことを指す。
2）適切である。本肢に記載のもののほか、フェアトレード商品（発展途上国
　の原料や製品を適正な価格で継続的に取引することを通じて提供された商
　品）や地元の産品（地産地消により地域活性化や輸送エネルギーを削減）
　もエシカル消費の具体例として挙げられる。
3）適切である。
4）適切である。令和5年度消費者意識調査（第3回）によると、エシカル消
　費につながる商品・サービスについて、「非常に購入したいと思う」と回
　答したのが男性5.1%、女性6.2%であり、「ある程度購入したいと思う」
　と回答したのが男性43.9%、女性60.7%であった。　　　　<u>正解　1）</u>

48

1－25　ダイバーシティ経営、DE & I

> 《問》ダイバーシティ経営に関する次の記述のうち、最も不適切なものは
> どれか。
> 1）経済産業省では、ダイバーシティ経営を「多様な人材を活かし、そ
> 　の能力が最大限発揮できる機会を提供することで、イノベーション
> 　を生み出し、価値創造につなげている経営」と定義している。
> 2）ダイバーシティ経営で言及されている「多様な人材」とは、キャリ
> 　アや経験、働き方を除く、性別、年齢、人種や国籍、障がいの有
> 　無、性的指向、宗教・信条、価値観などの多様性をさす。
> 3）DE & I とは、ダイバーシティ（Diversity）の「多種多様性」、エ
> 　クイティ（Equity）の「公平／公正性」、インクルージョン（Inclu-
> 　sion）の「包摂性」を意味する。
> 4）ダイバーシティ経営の実現に必要な「インクルージョン」とは、一
> 　人ひとりが「職場で尊重されたメンバーとして扱われている」と認
> 　識している状態を指す。

・解説と解答・

1）適切である。経済産業省が提唱する「ダイバーシティ経営」は、社員の多
　様性を高めること自体や、福利厚生や CSR（企業の社会的責任）活動の
　充実を目的としているのではなく、経営戦略を実現するうえで不可欠であ
　る多様な人材を確保し、そうした人材が意欲的に仕事に取り組める組織風
　土や働き方の仕組みを整備することを通じて、適材適所を実現し、その能
　力を最大限発揮させることにより経営上の成果につなげることを目的とし
　ている。

2）不適切である。「多様な人材」とは、キャリアや経験、働き方も含む、性
　別、年齢、人種や国籍、障がいの有無、性的指向、宗教・信条、価値観な
　どの多様性を指す。

3）適切である。これまで一般的だった「ダイバーシティ＆インクルージョ
　ン」の考え方に、エクイティ（Equity）の「特徴の異なる人々に、その
　特徴に応じた適切な対応を行うこと」、つまり「違いを認める公平性」が
　加わったものが、ダイバーシティ・エクイティ＆インクルージョンの概念
　である。すべての人が公平な立場で、自分の持ち味を発揮して、創造的に

協働することが目指されている。

4）適切である。ダイバーシティ経営の効果は、以下が考えられる。

①プロダクトイノベーションとして商品・サービスの開発、改良など

②プロセスイノベーションとして生産性・創造性の向上、業務効率化など

③外的評価の向上として CS（顧客満足）・市場評価の向上、優秀な人材獲得など

④職場内の効果として ES（従業員満足）の向上、職場環境改善など

職場でインクルージョン風土をつくるためには、職場メンバーの一員として認められることと、その人の持つ独自の価値が組織に認められていることが必要である。たとえば、外国籍の社員に対して海外市場への進出に際して言語や文化的側面のみでアドバイスを求め、その他の重要事項は日本人の社員だけで決めてしまう場合は「分化」の状態を作り出しているといえる。また、シニア社員が"昔の経験を語ると社内で疎まれる"と考えて有益な知識の共有を控えるような場合は「同化」の状態を作り出しているといえる。多様な人材が、それぞれ自分の居場所を実感できている状態がインクルージョンである。

正解　2）

1−26　人権

《問》ビジネスにおける人権に関する次の記述のうち、最も不適切なもの
　　はどれか。なお、本問においては「ビジネスと人権に関する指導原
　　則：国連「保護、尊重及び救済」枠組みの実施」を「指導原則」と
　　いう。
1 ）指導原則によると、企業が人権への悪影響を特定し、予防し、軽減
　　し、そしてどのように対処するかについて責任をもつために、実際
　　のおよび潜在的な人権への影響の評価、調査結果を取り入れて対応
　　すること、対応の実効性を追跡調査すること、対処方法を公表する
　　こととされており、この一連の流れのことを人権デュー・ディリジ
　　ェンスという。
2 ）「公正なグローバル化のための社会正義に関するILO宣言」のなか
　　で、ディーセント・ワーク実現のための4つの戦略目標として、①
　　雇用の促進、②社会的保護の方策の展開および強化、③社会対話の
　　促進、④労働における基本的原則および権利の尊重、促進および実
　　現等が挙げられている。
3 ）日本政府は、その規模や業種等に関わらず、日本企業が国際的に認
　　められた人権等を尊重し、指導原則やその他関連する国際的なスタ
　　ンダードを踏まえ、人権デュー・ディリジェンスのプロセスを導入
　　することを義務付けている。
4 ）経済産業省が公表した「責任あるサプライチェーン等における人権
　　尊重のためのガイドライン」（令和4年9月）では、企業の人権尊
　　重責任を果たすため、人権方針の策定、人権デュー・ディリジェン
　　スの実施、自社が人権への負の影響を引き起こしまたは助長してい
　　る場合における救済を求めている。

● 解説と解答 ●

1 ）適切である（「指導原則17〜21」）。
2 ）適切である。企業が配慮すべき企業活動に関連する人権の分野には、ディ
　　ーセント・ワークとも関連する児童労働、強制労働のほか、先住民族・地
　　域住民の権利や環境・気候変動に関する人権問題等が含まれる。
3 ）不適切である。日本政府は日本企業が人権デュー・ディリジェンスのプロ

セスを導入することについて、義務付けていない。ただし、「責任あるサプライチェーン等における人権尊重のためのガイドライン」のなかで人権デュー・ディリジェンスの実施を促している。また、欧米では人権デュー・ディリジェンスを罰則を付して義務付ける法制化が進んでいる。

4）適切である。

正解　3）

第 2 章

企業のサステナビリティ活動

2−1　コーポレートガバナンス・コード

《問》東京証券取引所の「コーポレートガバナンス・コード（2021年6月
11日）」（以下、「本コード」という）の内容に関する次の記述のう
ち、最も適切なものはどれか。

1）本コードの原則2−4によれば、上場会社は、社内における女性の
活躍促進を含む多様性の確保を推進すべきとされ、本コードにおい
て、女性・外国人の登用等における多様性の確保についての企業規
模別の具体的な目標値が定められている。
2）日本の上場会社の情報開示は、ガバナンスや社会・環境問題に関す
る事項（いわゆるESG要素）などについて説明等を行う非財務情
報について、様式や作成要領などが詳細に定められており、比較可
能性に優れているとされている。
3）本コードの原則4−11によれば、取締役会は、その役割・責務を実
効的に果たすための知識・経験・能力を全体としてバランスよく備
え、ジェンダーや国際性、職歴、年齢の面を含む多様性と適正規模
を両立させる形で構成されるべきであるとされている。
4）本コードの基本原則5によれば、上場会社は、その持続的な成長と
中長期的な企業価値の向上に資するため、日常的に接する株主より
も従業員・取引先・金融機関との間で建設的な対話を行うべきであ
るとしている。

● 解説と解答 ●

1）不適切である。原則2−4によれば、上場会社は、「社内における女性の
活躍促進を含む多様性の確保を推進すべき」とされ、「女性・外国人・中
途採用者の管理職への登用等、中核人材の登用等における多様性の確保に
ついての考え方と自主的かつ測定可能な目標を示すとともに、その状況を
開示すべき」としているが、企業規模別の具体的な目標値は定められてい
ない。
2）不適切である。基本原則3は、上場会社に対して会社の財務情報および非
財務情報の適切な開示と透明性の確保を求めているが、同原則の「考え
方」において、日本の上場会社の情報開示の現状は、「計表等については、
様式・作成要領などが詳細に定められており比較可能性に優れている」と

評価している一方で、「ガバナンスや社会・環境問題に関する事項（いわゆる ESG 要素）などについて説明等を行う非財務情報について、ひな型的な記述や具体性を欠く記述となっており付加価値に乏しい場合が少なくない」との指摘があるとしている。

3) 適切である。原則4 –11参照。

4) 不適切である。一般に上場会社の経営陣・取締役は、従業員・取引先・金融機関とは日常的に接触する一方で、株主と接する機会は限られているため、株主との建設的な対話を通じてその声に耳を傾けることが求められている。

正解　3）

コーポレートガバナンス・コードの内容

東京証券取引所では、コーポレートガバナンスの実現に資する主要な原則を取りまとめた「コーポレートガバナンス・コード（以下、「本コード）という）」を定めている。プライム市場・スタンダード市場の上場会社は、コードの全原則について、グロース市場の上場会社は、コードの基本原則について、実施しないものがある場合には、その理由を説明することが求められている。

以下では、コーポレートガバナンス・コードの基本原則を掲載する。

コーポレートガバナンス・コードについて

「コーポレートガバナンス」とは、会社が、株主をはじめ顧客・従業員・地域社会等の立場を踏まえたうえで、透明・公正かつ迅速・果断な意思決定を行うための仕組みを意味する。

本コードは、実効的なコーポレートガバナンスの実現に資する主要な原則を取りまとめたものであり、これらが適切に実践されることは、それぞれの会社において持続的な成長と中長期的な企業価値の向上のための自律的な対応が図られることを通じて、会社、投資家、ひいては経済全体の発展にも寄与することとなるものと考えられる。

基本原則

【株主の権利・平等性の確保】

1．上場会社は、株主の権利が実質的に確保されるよう適切な対応を行うとともに、株主がその権利を適切に行使することができる環境の整備を行うべきである。

また、上場会社は、株主の実質的な平等性を確保すべきである。

少数株主や外国人株主については、株主の権利の実質的な確保、権利行使に係る環境や実質的な平等性の確保に課題や懸念が生じやすい面があることから、十分に配慮を行うべきである。

【株主以外のステークホルダーとの適切な協働】

2．上場会社は、会社の持続的な成長と中長期的な企業価値の創出は、従業員、顧客、取引先、債権者、地域社会をはじめとする様々なステークホルダーによるリソースの提供や貢献の結果であることを十分に認識し、これらのステークホルダーとの適切な協働に努めるべきである。

　取締役会・経営陣は、これらのステークホルダーの権利・立場や健全な事業活動倫理を尊重する企業文化・風土の醸成に向けてリーダーシップを発揮すべきである。

【適切な情報開示と透明性の確保】

3．上場会社は、会社の財政状態・経営成績等の財務情報や、経営戦略・経営課題、リスクやガバナンスに係る情報等の非財務情報について、法令に基づく開示を適切に行うとともに、法令に基づく開示以外の情報提供にも主体的に取り組むべきである。

　その際、取締役会は、開示・提供される情報が株主との間で建設的な対話を行う上での基盤となることも踏まえ、そうした情報（とりわけ非財務情報）が、正確で利用者にとって分かりやすく、情報として有用性の高いものとなるようにすべきである。

【取締役会等の責務】

4．上場会社の取締役会は、株主に対する受託者責任・説明責任を踏まえ、会社の持続的成長と中長期的な企業価値の向上を促し、収益力・資本効率等の改善を図るべく、⑴企業戦略等の大きな方向性を示すこと、⑵経営陣幹部による適切なリスクテイクを支える環境整備を行うこと、⑶独立した客観的な立場から、経営陣（執行役及びいわゆる執行役員を含む）・取締役に対する実効性の高い監督を行うことをはじめとする役割・責務を適切に果たすべきである。

　こうした役割・責務は、監査役会設置会社（その役割・責務の一部は監査役及び監査役会が担うこととなる）、指名委員会等設置会社、監査等委員会設置会社など、いずれの機関設計を採用する場合にも、等しく適切に果たされるべきである。

【株主との対話】

5．上場会社は、その持続的な成長と中長期的な企業価値の向上に資するため、株主総会の場以外においても、株主との間で建設的な対話を行うべきである。

　経営陣幹部・取締役（社外取締役を含む）は、こうした対話を通じて株主の声に耳を傾け、その関心・懸念に正当な関心を払うとともに、自らの経営方針を株主に分かりやすい形で明確に説明しその理解を得る努力を行い、株主を含むステークホルダーの立場に関するバランスのとれた理解と、そうした理解を踏まえた適切な対応に努めるべきである。

2－2　企業行動憲章

> 《問》日本経済団体連合会（経団連）が制定した企業行動憲章に関する次
> の記述のうち、最も適切なものはどれか。
> 1）Society5.0の実現に向けたイノベーションを図るに際し、企業の基
> 　本的心構え・姿勢として「自社グループにおける基礎研究の強化」
> 　を強調している。
> 2）企業の社会的責任が問われる時代となり、法令遵守、品質・安全
> 　性、環境保全、情報セキュリティ、公正取引・倫理、安全衛生、人
> 　権・労働などに関して自社のガイドラインを制定・公開することが
> 　求められているが、取引先に自社と同様の取組みを行うよう要請す
> 　ることまでは求められていない。
> 3）反社会的勢力の対処のために、平素から警察など関係団体との信頼
> 　関係を構築しておくことが必要であるが、反社会的勢力により被害
> 　を受けるおそれがある場合には、一時的に相手の要望に応じること
> 　はやむを得ないとされる。
> 4）中長期的に資源・エネルギーの需給逼迫が予想されることから、企
> 　業の基本的心構え・姿勢としては、３Ｒ（リデュース、リユース、
> 　リサイクル）の推進に向けて、環境技術開発や環境配慮設計、産業
> 　間連携の推進など、各業種の特性・実情などに即し、自主的かつ積
> 　極的に循環型社会の形成に取り組む必要があるとしている。

・解説と解答・

　企業行動憲章は、経団連が企業に求められる役割や行動を定めたもので、
1991年に初めて制定された。以後、国内外における経済社会の変化を踏まえ
て、これまでに５回改訂され、2024年７月時点の最新版は、第９版である。
2017年には、Society5.0の実現を通じたSDGsの達成が標榜されている。
　Society5.0とは、狩猟社会、農耕社会、工業社会、情報社会に続く、人類社
会発展の歴史における５番目の新しい社会を意味し、「デジタル革新と多様な
人々の想像力・創造力の融合によって価値創造と課題解決を図り、自ら創造し
ていく社会」とされている。「企業行動憲章　実行の手引き」には、経団連の
会員企業の取組みや参考になる取組みが例示されている。
1）不適切である。「企業行動憲章　実行の手引き（第9版）」によれば、「第１

条：イノベーションを通じて社会に有用で安全な商品・サービスを開発、提供し、持続可能な経済成長と社会的課題の解決を図る」に関連し、Society 5.0の実現に向けデジタルトランスフォーメーションを推進するに際して、企業は「同業種・異業種企業や大学・研究機関、地域社会など多様なステークホルダーと連携しながら価値を協創すべく、デジタルトランスフォーメーション（DX）を推進していく」とされている。

2）不適切である。「企業行動憲章 実行の手引き（第9版）」によれば、「第2条・公正かつ自由な競争ならびに適正な取引、責任ある調達を行う。また、政治、行政との健全な関係を保つ」に関連し、企業は自社の調達ガイドラインを制定・公開し、社内で周知徹底するとともに、取引先にそれを提示し、法令遵守、品質・安全性、環境保全、情報セキュリティ、公正取引・倫理、安全衛生、人権・労働などに関して、自社と同様の取組み姿勢を明確にし、持続可能な社会の発展を支える調達の推進を明記することが重要であるとしている。

3）不適切である。「企業行動憲章 実行の手引き（第9版）」によれば、「第9条：市民生活や企業活動に脅威を与える反社会的勢力の行動やテロ、サイバー攻撃、自然災害等に備え、組織的な危機管理を徹底する」に関連し、反社会的勢力の対処のために、平素から警察など関係団体との信頼関係を構築しておくことが必要であり、反社会的勢力により被害を受けるおそれがある場合には、速やかに関係団体と連携し、法的対抗措置を行使することが重要であるとされる。

4）適切である。「企業行動憲章 実行の手引き（第9版）」によれば、「第7条：環境問題への取り組みは人類共通の課題であり、企業の存在と活動に必須の要件として、主体的に行動する」に関連し、中長期的には資源・エネルギーの需給逼迫が予想されることから、企業の基本的心構え・姿勢としては、3R（リデュース、リユース、リサイクル）の推進に向けて、環境技術開発や環境配慮設計、産業間連携の推進など、各業種の特性・実情などに即し、自主的かつ積極的にサーキュラー・エコノミーの促進および循環型社会のさらなる高度化に取り組む必要があるとしている。

正解　4）

60

2－3　企業のサステナビリティ情報開示①

《問》企業のサステナビリティ情報開示に関する以下の文章の空欄①～③
　　　に入る語句の組合せとして、次のうち最も適切なものはどれか。

　　企業のサステナビリティ情報開示の基準策定やその活用の動きが
　急速に進んでいる。気候変動分野では気候関連財務情報開示タスク
　フォース（TCFD）のフレームワークの活用が進み、IFRS 財団が
　設立した国際サステナビリティ基準審議会（ISSB）でグローバル
　なサステナビリティ報告基準が開発され、最初の基準として全般的
　要求事項および（　①　）が2023年6月に公表された。EU では、
　企業のサステナビリティ情報開示に関する新たな指令として、すべ
　ての大企業および上場企業を対象とした（　②　）が2023年1月に
　発効された。日本では、2023年1月に「企業内容等の開示に関する
　内閣府令」等が改正され、（　③　）において「サステナビリティ
　に関する考え方及び取組」の記載欄が新設された。

1）①人的資本関連開示　②企業サステナビリティ報告指令（CSRD）
　　③コーポレート・ガバナンス報告書等
2）①人的資本関連開示　②非財務情報開示指令（NFRD）
　　③有価証券報告書等
3）①気候関連開示　　　②企業サステナビリティ報告指令（CSRD）
　　③有価証券報告書等
4）①気候関連開示　　　②非財務情報開示指令（NFRD）
　　③コーポレート・ガバナンス報告書等

・解説と解答・

　企業のサステナビリティ情報開示は、国際統合報告評議会（IIRC）やグロー
バル・レポーティング・イニシアティブ（GRI）などを踏まえて、グローバ
ルに事業を展開している日本企業を中心に、統合報告書やサステナビリティ報
告書などの任意開示書類等での開示が進展してきた。2017年に公表された
TCFD 提言以降、企業のサステナビリティに関する取組みが企業経営におけ
る中心的な課題になり、それらの取組みに対する投資家の関心も高まってい
る。企業がサステナビリティ情報を比較可能かつ検証可能な形で開示すること

が、企業と投資家とのコミュニケーションが一層促されるという考え方のも
と、法定開示書類等において開示することが求められている。

　なお、欧州では、欧州委員会が、2021年4月、企業サステナビリティ報告指
令（CSRD）案を公表し、環境・社会・ガバナンスなどのサステナビリティ事
項に関する報告を義務化されたことに加えて、信頼性を確保するため、サステ
ナビリティ報告への第三者保証が義務付けられた。米国では米国証券取引委員
会（SEC）が気候関連開示規則案を公表し、自社の事業が気候関連リスクをど
のように評価、測定、管理しているかを開示することを求めている。

<u>正解　3）</u>

2-4　企業のサステナビリティ情報開示②

> 《問》企業のサステナビリティ情報開示に関する次の記述のうち、最も不適切なものはどれか。
>
> 1）日本では2023年3月期以降の有価証券報告書等において、「サステナビリティに関する考え方及び取組」の記載欄を新設し、サステナビリティ情報の開示が求められることになった。
> 2）国際統合報告評議会（IIRC）により策定された「統合報告」という新たな報告の概念によれば、統合報告書は、既存のアニュアルレポートとサステナビリティ報告書を1つに統合したものである。
> 3）サステナビリティ情報開示に係る内部統制にあたっては、データガバナンス方針の遵守や、既存の報告システムとの統合管理を含む、データ管理方法の仕組みを構築する。
> 4）国際会計基準（IFRS）財団は、国際サステナビリティ基準審議会（ISSB）を設置し、日本ではISSBが公表する基準を受け、サステナビリティ基準委員会（SSBJ）で国内向け基準の開発を進めている。

・解説と解答・

1）適切である。有価証券報告書では、「ガバナンス」および「リスク管理」については全ての上場会社等が、「戦略」および「指標及び目標」については各企業が重要性を踏まえて開示することとされている。

2）不適切である。「統合報告」とは、アニュアルレポートとサステナビリティ報告書を単に1つにまとめるという意味ではない。事業活動が財務資本だけではなく、自然資本や社会・関係資本など6つの資本に支えられ、逆に影響も与えるとの考え方をベースにした概念である。統合思考（Integrated Thinking）とは、短期・中期・長期にわたり価値を創造するために、企業におけるさまざまな事業単位および機能単位と、企業が活用する資本や影響を与える資本との関係を考慮することをいう。統合思考を具体化するビジネスモデルや戦略と、その実施状況を報告することが統合報告の本来の意味である。

3）適切である。米国のトレッドウェイ委員会支援組織委員会（COSO）が2023年に公表したサステナビリティ報告に係る内部統制のガイダンス

（Achieving Effective Internal Control over Sustainability Reporting）では、サステナビリティ情報に係るデータ管理方法・データガバナンスが内部統制構築において重要である旨が提示されている。また、データガバナンスの高度化による財務情報・業務データ・サステナビリティ情報の統合は、外部への報告だけでなく、社内の意思決定にも有用となる。

4）適切である。国際サステナビリティ基準審議会（ISSB）は、サステナビリティ情報の国際的な開示基準をつくる目的で2021年11月に設立され、気候関連財務情報開示タスクフォース（TCFD）の枠組みをベースに、2023年6月にIFRS S 1 号「サステナビリティ関連財務情報の開示に関する全般的要求事項」およびIFRS S 2 号「気候関連開示」の基準を公表した。日本ではISSBが公表する基準を受け、サステナビリティ基準委員会（SSBJ）で国内向け基準の開発を進めており、2024年度中に日本版 S 1 、S 2 の確定基準公開を予定している。

正解　2）

2−5　SDGs 実施指針①

《問》SDGs 推進本部が定めた「SDGs 実施指針改定版」（2023年12月19日）に関する次の記述のうち、最も適切なものはどれか。

1）国連は、SDGs の達成に向けた世界の現状について、「取組は一部遅れが見られるものの全体としては順調に進展しており、特に先進国では大企業を中心に好ましい状況になりつつある」との認識を示している。

2）経済協力開発機構（OECD）が発表した2022年の報告書では、日本の SDGs の達成に向けた現状について、OECD 平均と比較して「ジェンダー（目標5）」「不平等（目標10）」の取組みは進展していると評価されている。

3）SDGs 推進本部は、SDGs の業界横断的性格に鑑み、今後は SDGs の主流化および推進の司令塔の役割を NGO・NPO、教育機関、民間企業、各種団体の関係者で構成する SDGs 推進円卓会議に引き継ぐとしている。

4）今後のビジネス分野における SDGs の推進体制について、官民が連携し、企業が本業を含めた多様な取組みを通じて SDGs 達成に貢献する機運を、国内外で醸成することが重要であるとしている。

・解説と解答・

　SDGs 実施指針とは、2016年12月に政府の SDGs 推進本部会合にて決定され、日本が持続可能な開発のための2030アジェンダを実施し、2030年までに日本の国内外において SDGs を達成するための中長期的な国家戦略として位置付けられているものである。その後、国内外の SDGs に係る動向を踏まえ、2023年に SDGs 実施指針改定版が公表された。

1）不適切である。国連事務総長は、2023年9月の SDG サミットにおいて、SDGs のターゲットのうち、進捗が順調なものは約15％に過ぎず、半分近くは不十分、約30％は停滞・後退しており、2030年までの SDGs 達成に向けた国際社会の歩みが危機的状況にあると指摘している。

2）不適切である。経済協力開発機構（OECD）が発表した2022年の報告書では、日本の SDGs の達成に向けた現状について、OECD 諸国の平均と比較して「経済成長と雇用（目標8）」、「インフラ、産業化、イノベーショ

ン（目標 9）」等で進展がある一方で、「ジェンダー（目標 5）」、「不平等
（目標10）」等で課題があるとされている。

3）不適切である。日本における今後の SDGs 推進体制について、SDGs 実施
　の分野横断的・省庁横断的性格に鑑み、内閣総理大臣を本部長、官房長官
　および外務大臣を副本部長、全閣僚を構成員とする SDGs 推進本部が、引
　き続き SDGs の主流化および推進の司令塔の役割を果たすとしている。ま
　た、SDGs 推進本部は、SDGs 推進本部幹事会、SDGs 推進円卓会議等の
　関連会合をより一層積極的に活用しつつ、実施指針の取組状況の確認（モ
　ニタリング）と見直し（中長期的な観点からのフォローアップとレビュ
　ー）、SDGs 実施指針に基づくアクションプランの策定、見直し、実効性
　の評価などに取り組んでいくとしている。

4）適切である。2030アジェンダの実施、モニタリングおよびフォローアッ
　プ・レビューにあたっては、省庁間や国と自治体の壁を越え、公共セクタ
　ーと民間セクターの垣根も越えたかたちで、広範なステークホルダーとの
　連携を推進することが必要であるとし、今後のビジネスの分野において
　は、官民が連携し、企業が本業を含めた多様な取組みを通じて SDGs 達成
　に貢献する機運を、国内外で醸成することが重要であるとしている。

正解　4）

2－6　SDGs 実施指針②

> 《問》SDGs 推進本部が定めた「SDGs 実施指針改定版」(2023年12月
> 　　19日)で掲げる 8 分野の優先課題として次のうち、最も不適切なも
> 　　のはどれか。
> 　1) あらゆる人々が活躍する社会・ジェンダー平等の実現
> 　2) 持続可能で質の高い教育体制の整備
> 　3) 生物多様性、森林、海洋等の環境の保全
> 　4) SDGs 実施推進の体制と手段

・解説と解答・

　SDGs 実施指針は、日本における SDGs モデルの確立に向けた取組みの柱として、次の 8 分野の優先課題を掲げている。

(People　人間)
1　あらゆる人々が活躍する社会・ジェンダー平等の実現
2　健康・長寿の達成

(Prosperity　繁栄)
3　成長市場の創出、地域活性化、科学技術イノベーション
4　持続可能で強靭な国土と質の高いインフラの整備

(Planet　地球)
5　省・再生可能エネルギー、防災・気候変動対策、循環型社会
6　生物多様性、森林、海洋等の環境の保全

(Peace　平和)
7　平和と安全・安心社会の実現

(Partnership　パートナーシップ)
8　SDGs 実施推進の体制と手段

1) 適切である。
2) 不適切である。本肢のような優先課題は掲げられていない。
3) 適切である。
4) 適切である。

正解　2)

2－7　中小企業のカーボンニュートラル対応

《問》中小企業によるカーボンニュートラルの取組みに関する次の記述のうち、最も不適切なものはどれか。

1）「中小企業白書（2023年版）」によると、カーボンニュートラルの取組状況（2020年から2022年の3年間）の推移をみると、「段階2：事業所全体での年間 CO_2 排出量（Scope1、2）を把握している」の企業が最も多く、3年間を通じて、一定割合増加している。

2）カーボンニュートラルについて何に取り組むべきか分からない中小企業に対してカーボンニュートラルを進めるためには、設備等の導入や専門家サポート、事業転換（事業再構築）を進めるための財政的支援が重要であるとされている。

3）中小企業が脱炭素経営に取り組むうえでのメリットの1つとして、「優位性の構築（自社の競争力を強化し、売上・受注を拡大）」が挙げられる。

4）脱炭素経営に向けてエネルギーを多く消費する非効率なプロセスや設備の更新・改修を進めていくと、結果的に、光熱費・燃料費が低減することが指摘されている。

・解説と解答・

1）不適切である。「中小企業白書（2023年版）」によると、カーボンニュートラルの取組状況で最も多いのは、「段階1：気候変動対応や CO_2 削減に係る取組の重要性について理解している」で、2022年時点で63.7％である。本肢にある「段階2」以上の企業の割合は依然として少ない。

2）適切である。「中小企業白書（2023年版）」によると、何に取り組むべきか分からない企業に、カーボンニュートラルの取組みを促進するために有効と考えられる制度としては、「設備・システムを導入する際の補助金・税制優遇措置」の割合が35.5％と最も高く、次いで「改善状況を診断するツールの提供・導入に向けた補助金」、「事業転換を後押しする補助金・税制優遇措置」と続く。

3）適切である。「中小規模事業者のための脱炭素経営ハンドブック」によると、例えば、米 Apple 社ではサプライヤーに対して、再生可能エネルギー電力の使用を求めており、同社向けの生産を行っている国内企業では再

68

生可能エネルギー電力調達が進められていると、指摘している。

4）適切である。環境省の「中小規模事業者のための脱炭素経営ハンドブック」によると、中小企業が脱炭素経営に取り組むメリットには、「光熱費・燃料費の低減」があると、指摘している。エネルギーを多く消費する非効率なプロセスや設備の更新を進めていく必要があり、それに伴う光熱費・燃料費の低減がメリットとなる。なお、その他のメリットとしては、上記および肢3）のほか、①知名度や認知度の向上、②社員のモチベーション向上や人材獲得力の強化、③新たな機会の創出に向けた資金調達において有利に働くことが挙げられる。

正解　1）

■中小企業の脱炭素化へのステップ

温室効果ガス排出量の大幅削減を進めるためには、運用改善等の省エネ対策のみでは難しく、生産設備も含め、化石燃料消費の抜本的な見直しが必要になる場合が少なくない。すなわち、再エネ電気やバイオマス、水素といった温室効果ガス排出の少ないエネルギーを利用できないか、その可能性を以下の4つのステップで探ることが考えられる。

STEP1：長期的なエネルギー転換の方針の検討
都市ガスや重油等を利用している主要設備に着目したうえで、これらの電化や、バイオマス・水素等への燃料転換など、長期的なエネルギー転換の方針を検討する。
⬇
STEP2：短中期的な省エネ対策の洗い出し
STEP1で検討したエネルギー転換の方針を前提に、これを補完する形で省エネ対策を検討し、自社の温室効果ガス削減余地を概ね把握する。
⬇
STEP3：再生可能エネルギー電気の調達手段の検討
温室効果ガス削減目標の達成に向けた再エネ電気調達の必要量を明確にするとともに、自社に適した再エネ電気の調達手段を検討する。
⬇
STEP4：削減対策の精査と計画へのとりまとめ
対策の実施に必要な投資額が財務（キャッシュフロー）に及ぼす影響を分析しながら、最終的に実施する削減対策を精査し、削減計画としてとりまとめる。

出典：「中小規模事業者のための脱炭素経営ハンドブック－温室効果ガス削減目標を達成するために－」

2－8　CDPへの環境情報開示

《問》企業のグローバルな情報開示基盤等を提供する非政府組織である
CDP（カーボン・ディスクロージャー・プロジェクト）による環
境情報開示要請（気候変動分野）に関する次の記述のうち、最も不
適切なものはどれか。

1）CDP は、署名機関からの環境情報開示要請（気候変動分野）に基
づき開示要請を行う日本企業の選定対象を、2022年から
TOPIX500の銘柄企業に拡大した。

2）CDP は英国で設立された国際的な環境非政府組織であり、投資家、
企業、自治体、政府に対して働きかけを行い、環境インパクトに関
する情報開示を促している。

3）CDP の質問書は、機関投資家およびサプライチェーンメンバー
（CDP データの購買企業）からの要請に基づき、選定された企業に
送付されるほか、自主的に回答する企業からの情報開示も受け付け
ている。

4）CDP にて収集されたデータは、ファンドやインデックス等の銘柄
選定や、サステナブルファイナンスにおける KPI 設定など、幅広
い用途で活用されている。

・解説と解答・

　CDP は、グローバルな情報開示プラットフォームの運営を通じて、一貫性
があり、比較可能な環境情報の開示を推進する国際的な環境非政府組織であ
る。企業の透明性を求める資本市場からの声が高まっていることを受け、環境
への影響が大きいセクターに属する世界100カ国以上、13,000社を超える企業
に対し環境データの開示を要請している。

1）不適切である。CDP は、署名機関からの環境情報開示要請（気候変動分
野）に基づき、開示要請を行う企業を選定する。わが国においては、従来
は対象企業の選定が TOPIX500とされていたが、2022年以降は、東証プ
ライム市場上場会社全社に拡大され、東証プライム市場上場会社における
CDP への対応の必要性が高まっている。

2）適切である。

3）適切である。CDP は、署名機関からの環境情報開示要請（気候変動分野）

に基づき選定された企業および自主回答を希望する企業に対し、環境に関する3つの質問書（気候変動・水セキュリティ・フォレスト）を作成・送付する。質問書への各企業の回答をもとにAからDのスコアリングを行い、スコアリング結果を公表している。

4）適切である。

正解 1）

2 − 9　SDG Compass ①

《問》「SDG Compass：SDGs の企業行動指針－SDGs を企業はどう
活用するか－」（以下、「本指針」という）に関する次の記述のう
ち、最も適切なものはどれか。
1 ）本指針では、企業が自社のバリューチェーンのマッピングを高いレ
ベルで実施し、SDGs の諸課題にマイナスの影響を与える可能性が
高い領域のみを特定することを求めている。
2 ）本指針では、企業が SDGs に係る目標を設定するに際しては、内部
中心的なアプローチである「インサイド・アウト」アプローチが有
効であるとしており、リーディング企業も同アプローチを採り始め
ているとしている。
3 ）本指針では、企業が SDGs に係る進捗状況の効果的な報告とコミュ
ニケーションを行う際のマテリアリティ（重要性）評価の視覚化に
は、マトリックスを用いるのが有効であるとしている。
4 ）本指針は、多国籍企業に焦点を置いて開発されたものであり、中小
企業、その他の組織が、この指針を使用することは認められていな
い。

・解説と解答・

　SDG Compass とは、グローバルレポーティングイニシアチブ（GRI）、国連
グローバルコンパクト、および持続可能な開発のための世界経済人会議
（WBCSD）によって開発された企業向けガイドであり、企業が SDGs を経営
戦略と整合させ、SDGs への貢献度合を測定・管理するための指針を提供する
ものである。
1 ）不適切である。本指針では、企業が自社のバリューチェーンのマッピング
を高いレベルで実施することで、SDGs の諸課題に負または正の影響を与
える領域を特定することから、自社が SDGs に対して及ぼす影響の評価を
開始することを推奨している。このマッピングは、バリューチェーンの各
段階において SDGs の各目標の詳細な評価を行うものではなく、最大の効
果が期待できる領域を高いレベルで俯瞰するものである。
2 ）不適切である。本指針では、企業が SDGs に係る目標を設定するに際して
は、世界的な視点から、何が必要かについて外部から検討し、それに基づ

いて目標を設定することにより、現状の達成度と求められる達成度のギャップを埋めていく「アウトサイド・イン」アプローチが、今後、持続可能性における企業のリーダーシップを規定していく1つの要因となるとしている。一方、「インサイド・アウト」アプローチとは、目標設定に対して内部中心的なアプローチをとるものであり、世界的な課題に十分に対処することはできないとされている。

3）適切である。本指針では、マテリアリティ（重要性）を基準にした優先SDGs報告事項のマッピングにおいては、優先課題の分野を「企業の経済・環境・社会面の影響の重要度」「ステークホルダーの評価・決定への影響」という座標軸のなかに位置付けるとしている。

4）不適切である。本指針では、中小企業やその他の組織が、新たな発想の基礎として、必要に応じて変更して、使用することが期待されている。

正解　3）

2 － 10　SDG Compass ②

《問》「SDG Compass：SDGs の企業行動指針－SDGs を企業はどう
　　活用するか－」の 5 つのステップの空欄①〜④に入る語句の組合せ
　　として、次のうち最も適切なものはどれか。

　　　ステップ 1　　　ステップ 2　ステップ 3　ステップ 4　ステップ 5
　【SDGs を理解する】→　【①】　→　【②】　→　【③】　→　【④】

1 ）①目標を設定する　　　②優先課題を決定する
　　③経営へ統合する　　　④報告とコミュニケーションを行う
2 ）①優先課題を決定する　②目標を設定する
　　③経営へ統合する　　　④報告とコミュニケーションを行う
3 ）①優先課題を決定する　②目標を設定する
　　③報告とコミュニケーションを行う　④経営へ統合する
4 ）①目標を設定する　　　②優先課題を決定する
　　③報告とコミュニケーションを行う　④経営へ統合する

・解説と解答・

　SDG Compass は、企業が SDGs に最大限貢献できるよう 5 つのステップを
下記のとおり示している。それぞれの企業の中核的事業戦略が持続可能性を確
保するうえでどのあたりに位置しているかを勘案し、その戦略の方向性を決定
し、調整していくためにこの 5 つのステップを適用する。
【ステップ 1：SDGs を理解する】
　企業が SDGs に関し十分に理解することを支援する。
【ステップ 2：優先課題を決定する】
　SDGs によってもたらされる最も重要な事業機会を捉え、リスクを減らすた
めに、企業はそのバリューチェーン全体を通して SDGs に関する現在および将
来の正および負の影響を評価し、当該評価に基づきそれぞれの優先的に取り組
む課題を決定する。
【ステップ 3：目標を設定する】
　企業が設定した目標と SDGs とを整合させることによって、企業のリーダー
は持続可能な開発に対する明確なコミットメントを示すことができる。
【ステップ 4：経営へ統合する】

　中核的な事業と企業ガバナンスに持続可能性を統合し、企業内のすべての機能に持続可能な目標を組み込むことで、企業が設定した目標の達成につながる。

【ステップ5：報告とコミュニケーションを行う】

　SDG Compass は、企業が持続可能な開発に関するパフォーマンスを報告することで、多くのステークホルダーとの意見交換を推進する。

1）不適切である。
2）適切である。
3）不適切である。
4）不適切である。

<u>正解　2）</u>

2－11　SDG Compass ③

《問》「SDG Compass：SDGs の企業行動指針－SDGs を企業はどう
　活用するか－」（以下、「本指針」という）における目標設定に関す
　る次の記述のうち、最も不適切なものはどれか。
1）本指針によれば、ベースラインの設定方法が目標達成の可能性を左
　右するため、企業は、特定のベースラインの選択の方法とその理由
　について透明性を確保することが望ましい。
2）本指針によれば、絶対目標（総量目標）は、社会に対して及ぼすと
　期待される影響を直接表すのに最適であるが、企業の成長や衰退を
　考慮していない目標とされている。
3）本指針によれば、相対目標（原単位目標）は、産出単位当たりの達
　成度の測定における正確性に優れているが、目標が直接社会に対し
　て与える影響を把握しきれない目標とされている。
4）本指針によれば、事業規模や業績を左右する合併、買収、撤退など
　があった場合でも、一度決めたベースラインを変更することは一貫
　性を損うことにつながるため、当初設定したベースラインを維持す
　ることが望ましい、とされている。

・解説と解答・

1）適切である。なお、企業が設定する目標の基準となるベースラインは、
　「特定の時点」（例：女性役員の数を2013年末のベースラインと比較して、
　2030年末までに40％増加させる）や「特定の期間」（例：2024年から2026
　年までの3年間の平均水使用量を、2006年から2008年までの平均水使用量
　と比較して50％削減する）で設定する。
2）適切である。企業が設定する目標は、「絶対目標」（いわゆる KPI（主要
　業績評価指標））と「相対目標」（KPI を産出の単位と比較をする）に分
　類される。絶対目標は、社会に対して及ぼすと期待される影響を表すのに
　最適であるが、企業の成長や衰退を考慮していない。一方、相対目標は、
　産出単位当たりの達成度の測定における正確性に優れているが、目標が与
　える影響については把握しきれない。どちらの目標についても、企業側が
　目指す影響をきちんと説明することが望ましい。
3）適切である。相対目標は、例えば「企業の単位売上高に対する Scope1の

温室効果ガス排出量を2020年から2025年までに25％削減する」といった相対的な目標である。一方、絶対目標は、例えば「安全衛生事象の発生率を2020年から2025年までに30％削減する」といった絶対的な目標である。

4）不適切である。進捗状況を正確にモニタリングするためには、報告情報の一貫性や妥当性を左右する合併、買収、撤退などの動向を考慮することが不可欠であり、そのような出来事があった場合は、ベースラインを算定しなおす必要があるとしている。

正解　4）

2−12 サーキュラーエコノミー

《問》サーキュラーエコノミーに関する次の記述のうち、最も不適切なものはどれか。

1）サーキュラーエコノミーとは、従来の3R（リデュース、リユース、リサイクル）の取組みに代えて、資源投入量・消費量を抑えつつ、ストックを有効活用しながら、サービス化等を通じて付加価値を生み出す経済活動とされる。

2）リニアエコノミーが「原材料→製品→利用→廃棄物」の流れに対し、サーキュラーエコノミーは「原材料→製品→利用→リサイクル」の流れに設計することである。

3）サーキュラーエコノミーを意識した企業の例では、電気機器メーカーが、LED照明のサブスクリプション型サービスとして、LEDの交換時期に同社が自主的に交換、メンテナンスをすることによって、耐用年数を引き延ばし、製品の安定供給にも繋がるというビジネスモデル構築があてはまる。

4）サーキュラーエコノミーを意識した企業の例では、アパレルメーカーが、不要になった服を回収し、新たな服に再生・再利用することで、資源の消費削減やCO_2排出量の削減に繋げるというビジネスモデル構築があてはまる。

・解説と解答・

　大量生産・大量消費型の経済社会活動は、大量廃棄型の社会を形成し、健全な物質循環を阻害するほか、気候変動問題、天然資源の枯渇、大規模な資源採取による生物多様性の破壊など様々な環境問題にも密接に関係している。資源・エネルギーや食糧需要の増大や廃棄物発生量の増加が世界全体で深刻化しており、一方通行型の経済社会活動から、持続可能な形で資源を利用する「サーキュラーエコノミー」への移行を目指すことが世界の潮流となっている。

1）不適切である。サーキュラーエコノミーとは、従来の3R（リデュース、リユース、リサイクル）の取組みに代わるのではなく、従来の取り組みに加えて、資源投入量・消費量を抑えつつ、ストックを有効活用しながら、サービス化等を通じて付加価値を生み出す経済活動とされる。

2）適切である。リニアエコノミーは「原材料→製品→利用→廃棄」の流れで

あったのに対し、サーキュラーエコノミーでは「原材料→製品→利用→リサイクル」の循環に再設計することが求められている。

3）適切である。

4）適切である。

正解　1）

2−13　カーボンニュートラル（カーボン・オフセット、カーボンクレジット等）

《問》カーボンニュートラルに関する次の記述のうち、最も不適切なものはどれか。

1）カーボンフットプリントとは、商品やサービスの原材料調達、生産において排出される温室効果ガスの排出量を CO_2 に換算して、商品やサービスにわかりやすく表示する仕組みである。

2）カーボン・オフセットとは、温室効果ガスの排出を削減する努力を行ったものの、削減が困難な部分の排出量について、ほかの場所で実現した温室効果ガスの排出削減・吸収量等を購入、または、ほかの場所で排出削減・吸収を実現するプロジェクトや活動を実施すること等により、排出される温室効果ガスの全部または一部を埋め合わせることである。

3）カーボンニュートラルとは、温室効果ガスの排出量と吸収量を均衡させること、またはその状態を意味し、カーボンニュートラルを目標に掲げている企業は、自らの排出量の削減努力に加え、それを上回る排出についてはカーボン・オフセット等を通じて排出量を実質的にゼロにする。

4）カーボンクレジットとは、主に企業間で温室効果ガスの排出削減量および除去量を売買できる仕組みのことで、日本のＪクレジットには省エネ設備導入、再生可能エネルギー導入、森林吸収といった種別があり、それぞれ活用の範囲（省エネ・温対法の報告、CDP・SBTへの活用等）が異なるといった違いがある。

・解説と解答・

　○カーボンニュートラル：温室効果ガスの排出量と吸収量を均衡させること、またはその状態を意味する。つまりは、温室効果ガスの排出を完全にゼロに抑えることは現実的に困難であるため、削減が困難な部分の排出量について、同量を吸収または除去することで差し引きゼロ（実質的にゼロ）とすること。

　○カーボン・オフセット：他の場所で実現した温室効果ガスの排出削減・吸収量（カーボンクレジット）等を購入すること、または、他の場所で排出削減・吸収を実現するプロジェクトや活動を実施すること等により、自ら温室効

果ガスの排出をゼロにできない部分を埋め合わせること。カーボンニュートラルという目標を達成するための手段の一つ。

　○カーボンクレジット：温室効果ガスの排出削減効果（削減量・吸収量）を、主に企業間で売買可能にする仕組み。カーボン・オフセットのために購入する日本国内のクレジットには、政府の主導で運営されている「Ｊクレジット」と、民間セクターが主導して運営されている「ボランタリークレジット」がある。

1）不適切である。カーボンフットプリント（CFP）とは、商品やサービスの原材料調達から廃棄・リサイクルに至るまでのライフサイクル全体を通して排出される温室効果ガスの排出量を CO_2 に換算して、商品やサービスにわかりやすく表示する仕組みで、LCA（ライフサイクルアセスメント）手法を活用し、環境負荷を定量的に算定する。

2）適切である。

3）適切である。

4）適切である。カーボンクレジットとは、主に企業間で温室効果ガスの排出削減量および除去量を売買できる仕組みのことであり、日本では環境省、経済産業省、農林水産省がＪクレジット制度を運営している。Ｊクレジット制度では、省エネ・再エネ設備の導入や森林管理等による温室効果ガスの排出削減・吸収量をＪクレジットとして認証している。

　Ｊクレジットを活用することで、温室効果ガス排出の削減や再エネ電力の調達について、自社の努力だけでは賄うことができない部分をカバーすることができる。Ｊクレジットは、国内の法制度への報告、海外イニシアチブへの報告、企業の自主的な取組み等、様々な用途に活用されている。近年、活用量・需要規模が大きいのは、「CDP および RE100 への報告」などの自己活動、「温対法の調整後排出量の調整」などである。なお、Ｊクレジットの種別により、適用できないイニシアチブや国内法がある。

正解　1）

2 － 14　脱炭素化に向けた技術

> 《問》脱炭素化を推進する技術に関する次の記述のうち、最も不適切なものはどれか。
>
> 1 ）燃料のほか、産業プロセスの原料やエネルギー貯蔵媒体として活用される水素は、製造時、燃焼時とも CO_2 を排出することはない。
> 2 ）水素・燃料アンモニアは、化石燃料と比較して特定の地域への依存度等が低く、安定したサプライチェーンの構築が実現可能であり、十分な価格競争力を有する水準になる場合、発電コストが安定的になるという効果が期待されている。
> 3 ）CCS 技術は、産業プロセスや発電所からの CO_2 を捕捉し、地中に貯留する技術であり、CCUS 技術は、これに加えて回収した CO_2 の貯留に加えて利用する技術である。
> 4 ）水素の利活用には、発電（燃料電池、タービン）、輸送（自動車、船舶、航空機、鉄道等）、産業（製鉄、化学、石油精製等）など幅広い分野の脱炭素化を実現することが期待されている。

・解説と解答・

　日本政府が掲げる「2050年カーボンニュートラルに伴うグリーン成長戦略」によれば、日本の電力需要は、産業・運輸・業務・家庭、各部門での電化の進展により増大することが想定されている。増大する電力需要を賄うために、再生可能エネルギーのほか、原子力、水素・アンモニア、CCUS/ カーボンリサイクルなど、あらゆる選択肢を追求する重要性が示唆されている。なかでも水素は、発電・産業・運輸など幅広い分野での脱炭素化に向けて活用が期待されるキーテクノロジーのひとつであり、導入量の拡大を通じて、化石燃料に十分な競争力を有する水準になることを目指すとされている。

1 ）不適切である。現在製造されている水素の多くは石炭や天然ガスなどの化石燃料から製造されているため、CO_2 を排出している。製造工程での CO_2 排出量を削減するには、CO_2 を回収して地中に固定する方法や、水を電気分解して水素を取り出す方法などがあり、コストと CO_2 排出削減のバランスをとりながら、より環境にやさしい製造方法が目指されている。
2 ）適切である。
3 ）適切である。CCS（Carbon dioxide Capture and Storage）は、CO_2 を分

離・回収し、地中などに貯留する技術のことで、CCUS（Carbon dioxide Capture, Utilization and Storage）は、回収したCO_2の貯留に加えて利用まで行うものである。CCUS は、米国にてCO_2を古い油田に注入することで、油田に残った原油を圧力で押し出しつつ、CO_2を地中に貯留するという CCUS がおこなわれており、全体ではCO_2削減が実現できるほか、石油の増産にもつながるとして、ビジネスになっている。

4）適切である。例えば鉄鋼では、現行の高炉を有効活用し、水素を用いて鉄鉱石を還元するとともに、高炉排ガスに含まれるCO_2を分離・回収し、還元剤に転換して活用することで、製鉄プロセスで発生するCO_2を半減できる技術の開発を目指している。2050年までには、水素だけで鉄鉱石を還元できる技術を確立させることで「ゼロカーボン・スチール」を実現し、自動車をはじめとする製造業の脱炭素化に貢献することを目指している。

<u>正解　1）</u>

2－15　不動産とESG投資

> 《問》不動産とESG投資の関係に関する次の記述のうち、最も適切なものはどれか。
> 1）投資家が投資先に対して、ESGやSDGsへの配慮を求める動きが拡大しており、そのなかでも不動産は、環境や社会に対する課題解決に貢献できるポテンシャルが大きいため、重要なESG投資対象となっている。
> 2）グリーンリースとは、不動産の省エネルギーなどの環境負荷の低減や執務環境の改善にあたり、エネルギー費用の減少などテナント側が享受しうるメリットに係る改修費用等をテナント側が100％負担することを事前に取り決めることである。
> 3）働く人の健康性・快適性等に優れたオフィスは、執務環境の改善、知的生産性の向上のほか、優秀な人材等の確保に寄与することからテナントの魅力向上につながるとされている一方で、国内においては、オフィス利用者の健康性・快適性に関連する認証制度が存在しないことが課題である。
> 4）建築・不動産分野における木材の利用は、森林による温室効果ガスの吸収源を失わせることになるため、脱炭素社会の実現に貢献しないとされている。

解説と解答

1）適切である。不動産が社会価値向上に資する、不動産の価値向上と企業の持続的成長を図る不動産を「社会的インパクト不動産」と定義し、国土交通省は、不動産に関する社会課題の基本的考え方などをまとめた、ガイダンスを公表している。

2）不適切である。グリーンリースとは、ビルオーナーとテナントが協働し、不動産の省エネルギーなど環境負荷の低減や執務環境の改善について契約や覚書等によって自主的に取り決め、取り決め内容を実践することをいう。例えば、新たに導入する設備費用や建物の環境性能向上のために係る費用のうち、テナントが享受する便益の一定程度をグリーンリース料としてテナント側からビルオーナーへ支払うことで、ビルオーナーとテナントで負担を分かち合うことが可能となる。なお、グリーンリース料の設定方

法は、定額とする方法や、回収後のエネルギー削減分の一定割合とする方法など、ビルオーナーとテナントとで自由に取り決めることができ、必ずしもテナント側が享受しうるメリットに係る改修費用の100％を負担するというものではない。

3）不適切である。一般財団法人 住宅・建築SDGs推進センターにおいて、建物利用者の健康性、快適性の維持・増進を支援する建物の仕様、性能、取組みを評価するツールを用いた「CASBEE ウェルネスオフィス評価認証」の制度がある。

4）不適切である。2010年に施行された「公共建築物等における木材の利用の促進に関する法律」によって、低層の公共建築物を中心に木造化が図られ、2021年に改正された同法により、公共建築物から建築物一般に適用範囲を拡大するなど、政府は木材の利用を促進している。伐って使う木材の使用は、「植えて育てる」という森林の持続的なサイクルを保つことになり、その過程で、CO_2の吸収や国土を災害から守るといった森林の働きが発揮されるとしている。

正解　1）

2−16　省エネ建築（ZEB、ZEH）

《問》省エネ建築に関する次の文章の空欄①〜③にあてはまる語句の組合せとして、最も適切なものはどれか。

> ZEB（ゼブ：ネット・ゼロ・エネルギー・ビル）とは、建築計画の工夫による日射遮蔽・自然エネルギーの利用、高断熱化、高効率化によって大幅な省エネルギーを実現したうえで、太陽光発電等によってエネルギーを創ることにより、年間の（　①　）をネット・ゼロにすることを目指した建築物である。一方、ZEH（ゼッチ：ネット・ゼロ・エネルギー・ハウス）は、快適な室内環境を保ちながら、住宅の高断熱化と高効率設備により、住宅における（①）を省エネルギー基準から（　②　）以上削減し、さらに（　③　）を導入することで年間のエネルギー収支がゼロとすることを目指した住宅である。
>
> また、LCCM（ライフ・サイクル・カーボン・マイナス）住宅とは、建設時、運用時、廃棄時においてできるだけ省CO_2に取り組み、さらに太陽光発電などを利用した再生可能エネルギーの創出により、住宅建設時のCO_2排出量も含めライフサイクルを通じてのCO_2の収支をマイナスにする住宅のことである。

1）①エネルギー消費量　　②2割　　③再生可能エネルギー
2）①エネルギー消費量　　②5割　　③蓄電池
3）①CO_2排出量　　②5割　　③再生可能エネルギー
4）①CO_2排出量　　②2割　　③蓄電池

・解説と解答・

　ZEB（ネット・ゼロ・エネルギー・ビル）とは、建築計画の工夫による日射遮蔽・自然エネルギーの利用、高断熱化、高効率化によって大幅な省エネルギーを実現したうえで、太陽光発電等によってエネルギーを創ることにより、年間のエネルギー消費量をネット・ゼロにすることを目指した建築物である。一方、ZEH（ネット・ゼロ・エネルギー・ハウス）は、快適な室内環境を保ちながら、住宅の高断熱化と高効率設備により、住宅におけるエネルギー消費量を省エネルギー基準から2割以上削減し、さらに再生可能エネルギーを導入

することで年間のエネルギー収支がゼロとすることを目指した住宅である。

　また、LCCM（ライフ・サイクル・カーボン・マイナス）住宅とは、建設時、運用時、廃棄時においてできるだけ省 CO_2 に取り組み、さらに太陽光発電などを利用した再生可能エネルギーの創出により、住宅建設時の CO_2 排出量も含めライフサイクルを通じての CO_2 の収支をマイナスにする住宅である。

　なお、「脱炭素社会に向けた住宅・建築物の省エネ対策等のあり方検討会」において、2050年カーボンニュートラルの実現に向けた建築物の取組みとして、住宅や建築物における省エネ対策の強化、再生可能エネルギーの導入拡大のほか、地域材活用や炭素吸収効果が期待される木造建築物の普及拡大が挙げられている。

__正解　1）__

2－17　輸送・運輸・旅客業界

《問》運輸・旅客業界の省エネルギーへの取組みに関する次の文章の空欄
①～③に入る語句の組合せとして、最も適切なものはどれか。

モーダルシフトとは、トラック等の自動車で行われている貨物輸送
を環境負荷の小さい（　①　）の利用へと転換することをいう。

自動車運送業の担い手不足と人口減少に伴う輸送需要の減少や、過
疎地域等での人流・物流サービスの持続可能性の確保が課題となって
いるが、自動車運送業者が旅客または貨物の運送に特化してきた従来
のあり方を転換する（　②　）の取組みが注目されている。

個々人の移動ニーズへの対応としては、複数の公共交通等を最適に
組み合わせて検索・予約・決済等を一括で行い、観光や医療等の目的
地における交通以外のサービス等との連携により、移動の利便性向上
や地域の課題解決にも資する重要な手段として（　③　）が期待され
ている。

1）①鉄道や船舶　　②輸配送の共同化　　③SaaS
2）①鉄道や船舶　　②貨客混載　　　　　③MaaS
3）①ドローン　　　②貨客混載　　　　　③SaaS
4）①ドローン　　　②輸配送の共同化　　③MaaS

・解説と解答・

モーダルシフトとは、トラック等の自動車で行われている貨物輸送を環境負
荷の小さい鉄道や船舶の利用へと転換することをいう。1トンの貨物を1km
運ぶ（＝1トンキロ）ときに排出される CO_2 の量をみると、トラック（営業
用貨物車）が216gであるのに対し、鉄道は21g（約1/10）、船舶は43g（約1/5）
しかない（2020年度試算）。輸送（物流）における環境負荷の低減には、モー
ダルシフトのほかに輸配送の共同化、輸送網の集約があるが、そのなかでも、
特にモーダルシフトは環境負荷の低減効果が大きい取組みである。

なお、航空業界を中心に、植物・動物油脂や使用済み食用油、木質バイオマ
ス、都市ごみ、排ガス、CO_2 等から製造される国産の持続可能な航空燃料
（SAF：Sustainable Aviation Fuel）を活用する取組みが始まっているが、商
用化には課題も少なくない。

　また、自動車運送業の担い手不足と人口減少に伴う輸送需要の減少や、過疎地域等での人流・物流サービスの持続可能性の確保が課題となっているが、自動車運送業者が旅客または貨物の運送に特化してきた従来のあり方を転換し、一定の条件のもと両事業を「かけもち」する貨客混載の取組みが注目されている。両事業の許可をそれぞれ取得した場合には、乗合バスについては全国で、貸切バス、タクシー、トラックについては過疎地域において、一定の条件のもとで事業のかけもちを行うことができる。

　物流業界では、トラックドライバーの長時間労働が慢性化していたため、2024年4月以降、ドライバーの年間時間外労働時間の上限が960時間に制限される等の法改正が行われた。これにより、ドライバー不足などが発生することが懸念されている。

　個々人の移動ニーズについては、複数の公共交通やそれ以外の移動サービスを最適に組み合わせて検索・予約・決済等を一括で行い、観光や医療等の目的地における交通以外のサービス等との連携により、移動の利便性向上や地域の課題解決にも資する重要な手段としてMaaS（Mobility as a Service）が期待されている。

正解　2）

2 － 18　次世代自動車

《問》次世代自動車に関する次の記述のうち、最も不適切なものはどれか。

1 ）日本政府が掲げる「2050年カーボンニュートラルに伴うグリーン成長戦略」では、2030年までに乗用車新車販売の100％を電動車にすることを目指すとしているが、ハイブリッド自動車は電動車の定義には含まれない。

2 ）電動車のさらなる普及に向けて、車両価格の低減等による社会的受容の拡大、充電インフラ・水素ステーション等のインフラ整備といった課題が挙げられる。

3 ）自動車の利用段階における CO_2 排出量削減のみならず、自動車部品の製造時や自動車の廃棄といった製品のライフサイクル全体における CO_2 削減までが求められている。

4 ）日本政府は、電動車普及の妨げとなる充電インフラの不足を解消するため、公共用の急速充電器 3 万基を含む充電インフラ15万基を設置し、遅くとも2030年までにガソリン車並みの利便性を実現することを目指している。

・解説と解答・

　日本政府が掲げる「2050年カーボンニュートラルに伴うグリーン成長戦略」によれば、日本の自動車産業は、世界各国に自動車を供給する、世界に冠たる総合的な技術力をもつ基幹産業であり、諸外国の電動化に関する目標や規制、支援等の施策、これらの施策による電動車市場の状況に注目して、包括的な措置を講じる必要があるとしている。

1 ）不適切である。グリーン成長戦略では、乗用車新車販売で2035年までに電動車100％を実現できるよう措置を講じるとしている。電動車とは、電気自動車、燃料電池自動車、プラグインハイブリッド自動車、ハイブリッド自動車のことである。なお、商用車については、 8 トン以下の小型車について、2030年までに新車販売で電動車20～30％、2040年までに新車販売で、電動車と合成燃料等の脱炭素燃料の利用に適した車両とで合わせて100％を目指すこととし、車両の導入やインフラ整備の促進等の包括的な措置を講じることとしている。

2）適切である。

3）適切である。自動車のライフサイクル全体での CO_2 削減が重要であり、そのために CO_2 排出の少ないエネルギーの調達の円滑化、自動車のライフサイクル全体での CO_2 排出削減に向けた技術開発の推進等が重要となる。

4）適切である。本肢の内容は、閣議決定された成長戦略実行計画（令和3年）に記載されている。これを受けて、経済産業省は令和5年10月に「充電インフラ整備促進に向けた指針」を公表した。

__正解 1）__

2 − 19　KPI の設定

《問》企業の SDGs や脱炭素の推進に資する KPI の設定に関する次の記述のうち、最も不適切なものはどれか。

1 ）SDGs に関する KPI を設定する場合、企業のビジネス全体にとって関連性があり、中核的かつ重要（マテリアル）であり、企業の現在や将来の事業運営にとって高い戦略的意義を有することが望ましい。

2 ）SDGs に関する KPI を設定する場合、単純にある指標の増減を目標値として設定する相対目標と、企業活動の算出単位と比較した目標値を設定する絶対目標がある。

3 ）KPI の設定にあたっては、KPI について技術的な進歩や規制環境等の変化についても考慮する必要がある。

4 ）「人々の健康で快適な暮らしの実現」などの社会課題に関する目標については、数値化が難しく、KPI の設定に苦慮するため、数値化だけでなく、社会に貢献するためにどのようなストーリーを描くかが重要である。

● 解説と解答 ●

1 ）適切である。設定企業のビジネス全体にとって野心的な KPI を設定できれば、その達成に向けて強く動機付けられ、企業等の組織内のサステナビリティに関する戦略立案と遂行、リスクマネジメント、ガバナンスの体制整備につながる可能性がある。こうした取組みは、当該企業の中長期的な ESG 評価の向上につながり、ひいては、企業価値の向上や持続可能な社会の実現に資すると考えられる。

2 ）不適切である。SDGs の目標設定には、絶対目標、相対目標の 2 つがある。絶対目標は、単純にある指標の増減を目標値として設定する考え方で、例えば、「労働災害の発生率を2015年から2020年までに90％削減」といったものが挙げられる。相対目標は、企業活動の算出単位と比較した目標値を設定する考え方で、企業活動の状況を反映しつつ目標達成への進捗を確認することができる。例えば、「自社の単位売上高に対する温室効果ガス排出量を2014年から2025年までに30％削減する（ガス排出量○○トン／売上高を目標値とする）」などである。目標設定の仕方を誤ると達成困

難となり、社内のモチベーションが下がったり、目標達成したが実効性が
ないなどの弊害が生じる場合もある。

3）適切である。

4）適切である。

正解　2）

KPI となる指標

　KPI とは、組織の目標を達成するために重要な業績評価の指標で、「重要業績評価指標」とも呼ばれる。サステナビリティに関する KPI について、一般的なカテゴリーと各カテゴリーにおける KPI の設定例を以下に紹介する。KPI は、資金調達者の事業の性質によって、環境に関係する指標に限られず、社会面等の観点から KPI を設定することも考えられる。

カテゴリー	事例
エネルギー効率	・年間省エネ量（電力 MWh/GWh、その他エネルギー GJ/TJ） ・温室効果ガス排出の年間削減量／削減貢献量（CO_2 換算量） ・ビジネス単位あたりのエネルギーパフォーマンス（MWh/m^2、MWh/個、MWh/t 等）
温室効果ガス排出	・資金調達者により製造もしくは販売される製品に関する、または生産・製造サイクルにおける温室効果ガス排出量の削減 ・自社排出量のみならず、企業活動の上流から下流に関わるサプライチェーン全体における温室効果ガス排出量（Scope1（自社の工場・オフィス・車両等からの直接排出量）、Scope2（電力等の自社で消費したエネルギーからの間接排出量）および Scope3（その他の間接排出量）の合計値）の削減（MJ、MWh、pkm、tkm、従業員 1 人あたりまたは投資額あたりの炭素強度、または絶対量） ・ネットゼロシナリオに沿った低炭素・炭素除去技術への設備投資割合（%）
再生可能エネルギー	・資金調達者による再生可能エネルギーの生産量もしくは使用量の増加（GW、%） ・再生可能エネルギー生産量と総エネルギー生産量の比率（%） ・再生可能エネルギー生産に関連して回避された GHG 排出量
水消費	・資金調達者による水消費量の削減 ・資金調達者による水のリサイクル率の改善
排水処理	・資金調達者による排水処理量、再使用量
持続可能な調達	・認証された持続可能な原材料・供給品の調達量増加 ・サステナビリティ配慮のある包装を用いた製品の割合

サーキュラー・エコノミー	・天然資源投入量の増減 ・廃棄物処理におけるリサイクル率 ・環境負荷低減効果のある再生材や再生可能資源等の使用 ・廃棄物削減量を増加させる製品への変更
持続可能な農業・食品・林業	・適切なラベルや認証を用いた持続可能な製品または高品質な製品の生産量もしくは調達量の増加（km^2、トン、%） ・持続可能性に係るトレーサビリティが確立している製品の増加（%） ・認証制度（FSC、PEFCなど）に基づく森林の管理割合（%）
生物多様性	・生物多様性・生態系の保全・保護の改善（植林または森林再生土地面積の増加、FSC等の持続可能な森林の認証面積の増加、MSC・ASC等の認証水産物の調達量の増加、生物多様性の保全に資する製品・サービスの販売量の増加）（km^{2}または%等） ・保護・回復した固有種・動植物の絶対数
気候変動に対する適応	・砂漠・荒廃地を農地化した面積の増加 ・適応策あるいはリジリエンス強化のための投資後に生じた異常気象による（財政、人道的、生態学的）損害の減少・削減（金額または%） ・気象現象によるサプライチェーンおよび／または事業活動の中断の日数の減少
グローバルESG評価	・資金調達者のESG格付けの改善、もしくは認知されたESG認証の達成

出典：環境省「グリーンボンド及びサステナビリティ・リンク・ボンドガイドライン」

2−20　SDGs ウォッシュ、グリーンウォッシュ①

《問》SDGs ウォッシュ等に関する次の記述のうち、最も不適切なものはどれか。

1 ）ウォッシュとは、社会に対して貢献することのみを報告し、負のインパクトを無視するなど、実態とは異なることを意味する。

2 ）環境に害を及ぼす可能性のある物質を使用しているのにもかかわらず、環境によい会社と宣伝することは、グリーンウォッシュとして批判の対象となる。

3 ）SDGs ウォッシュやグリーンウォッシュは、企業が消費者向けに対して PR するうえで配慮するべき事項であり、広告等の表示において誤解を招く表現があったとしても公的機関からの行政処分までは行われることはない。

4 ）本業でステークホルダーに与えている悪影響を、別の社会貢献事業でカバーしようとすることは、チェリーピッキングとして批判の対象となる可能性がある。

・解説と解答・

1 ）適切である。重大な負のインパクトも併せて報告することが求められる。

2 ）適切である。グリーンウォッシュとは、環境によいと見せかけた、そうとはいえないような実情があることをいう。

3 ）不適切である。企業は、消費者に対して正確な情報を伝え、消費者の正しい選択を阻害しないことが重要であり、場合によっては行政処分が行われる。例えば、消費者庁は2022年12月、「土や海にかえる環境に優しいプラスチックを使用」と表示した生分解性プラスチック製品を販売した10社に、十分な根拠がないのに自然に分解されるかのように表示したのは景品表示法違反（優良誤認）にあたるとして、再発防止などの措置命令を出している。他方、欧州委員会では2023年 3 月、グリーンウォッシュを取り締まるため「グリーンクレーム（環境主張）指令案」を公表している。

4 ）適切である。「チェリーピッキング（良い所どり）」とは、最も優先順位の高いものではなく、企業にとって最も簡単なものに基づいて SDGs の目標（ゴール）と達成基準（ターゲット）を選択することである。なお、SDGs ウォッシュとは、SDGs への積極的な貢献のみを報告し、重大な負のイン

パクトを無視するなど実態が伴わないことである。SDGs に係る取組みについての報告をするにあたっては、正の側面を伸ばす努力と負の側面を減らす努力の両方について伝えることで、SDGs ウォッシュの発生を防ぐことにつながる。

正解　3）

2－21　SDGs ウォッシュ、グリーンウォッシュ②

《問》SDGs ウォッシュの類似概念であるグリーンウォッシュの分類に
　　　関する次の記述のうち、最も不適切なものはどれか。
1）根拠を示さない罪とは、十分な根拠を示さずによい点を主張すること
　　である。
2）無関係の罪とは、たとえ真実であっても環境によい製品を求める消
　　費者にとっては重要でないことを主張することである。
3）不正確の罪とは、範囲や定義を曖昧にすることで消費者の誤解を招
　　くことである。
4）隠れたトレードオフの罪とは、大きな環境負荷が生じることに言及
　　せずに、環境によいとされる一点のみを主張することである。

・解説と解答・

　グリーンウォッシュとは、あたかも環境によさそう、エコであると見せか
け、消費者の誤解を招くことである。調査レポート「グリーンウォッシュの
罪」によると、グリーンウォッシュの特徴を次の7つに分類している。
①隠れたトレードオフの罪：大きな環境負荷が生じることに言及せずに、環境
　によいとされる一点だけを主張すること
②根拠を示さない罪：十分な根拠を示さずに環境によい点を主張すること
③曖昧さの罪：範囲や定義を曖昧にすることで消費者の誤解を招くこと
④無関係の罪：たとえ真実であっても環境によい製品を求める消費者にとって
　は重要でないことを主張すること
⑤悪を比較するだけの罪：より悪いものと比較しそれよりはよいと主張するこ
　と
⑥不正確の罪：主張が正しくないこと
⑦誤ったラベル崇拝の罪：第三者機関から認められていると虚偽の表示をする
　こと
1）適切である。
2）適切である。
3）不適切である。本肢は「曖昧さの罪」についての説明である。
4）適切である。

正解　3）

2－22　脱炭素化にかかる補助金制度

《問》省エネルギー関連の補助金（以下、「省エネ補助金」という）に関する次の記述のうち、最も適切なものはどれか。

1）省エネ補助金によって購入した設備を、その後の経営環境の変化によるビジネスモデルの転換にともなって法定耐用年数を経ずに処分する場合、当該補助金の返還を求められることもある。

2）金融機関が補助金の支払までのつなぎ融資を審査する場合、回収原資が補助金であるため、企業の業績や体力よりも補助金の諾否が審査のポイントとなる。

3）省エネ補助金は、当該補助事業の対象となる設備の導入後、当該府省庁による現場確認はあるが、会計検査院の検査までは受けることはない。

4）稼働していない既存設備について、一定の省エネルギー効果がある設備に更新する際には、省エネ補助金の適用対象となる。

● 解説と解答 ●

　脱炭素化に向けた取組を支援するための補助・委託事業については、脱炭素化事業支援情報サイト（エネ特ポータル）にて、具体的に紹介されている。

1）適切である。省エネ補助金によって購入した設備は、法定耐用年数まで保有、稼働させることが義務付けられており、破棄することはできない。

2）不適切である。金融機関が補助金の支払までのつなぎ融資を審査する目線は、補助金の受給にかかわらず、当該設備の投資効果や企業の財務体質といった通常の融資目線でみる必要がある。

3）不適切である。省エネ補助金は、当該補助事業の対象となる設備などについて、当該府省庁による現場確認ならびに、会計検査院による検査の対象となることがある。

4）不適切である。省エネ補助金の対象は、既存設備に比べて省エネルギー効果があっても、稼働していない設備を更新する場合には適用されないことがある。

正解　1）

第 3 章

サステナビリティと金融

3－1　ESG投資

《問》ESG投資等に関する次の記述のうち、最も不適切なものはどれ
か。
1）日本では、ESG投資が普及した後に、「社会的責任投資（SRI）」が
行われた。
2）政府のSDGs実施指針改定版（2023年12月決定）における重点事項
「持続可能な経済・社会システムの構築」において、インパクト投
資やESG投資等の促進が挙げられている。
3）日本でESG投資が本格的に始まったのは、年金積立金管理運用独
立行政法人（GPIF）が責任投資原則（PRI）に署名した2015年以
降とされている。
4）日本版スチュワードシップ・コードとコーポレートガバナンス・コ
ードには、双方ともサステナビリティ（ESG要素を含む中長期的
な持続可能性）の要素を考慮する内容が含まれている。

・解説と解答・

1）不適切である。日本における社会的責任投資の始まりは、1999年に設定さ
れたSRI金融商品とされる。ESG投資については、投資にESGの視点を
組み入れることなどを原則として掲げる責任投資原則（PRI）に、日本の
年金積立金管理運用独立行政法人（GPIF）が2015年に署名したことを受
け、広まった。
2）適切である。SDGs実施指針の具体的な施策等が記載された「SDGsアク
ションプラン2023」では、「SDGs実施推進の体制と手段」に関して、民
間資金を通じた資金調達を促進するとともに、ESG投資推進を通じ、民
間企業のSDGs推進に向けた取組みを後押ししていく、としている。
3）適切である。肢1）の解説参照。
4）適切である。日本版スチュワードシップ・コードでは投資家の立場から、
コーポレートガバナンス・コードでは企業の立場から、サステナビリティ
（ESG要素を含む中長期的な持続可能性）に取り組む重要性がそれぞれ盛
り込まれている。

正解　1）

3－2　ESG投資の現状

《問》ESG投資の動向に関する以下の文章の空欄①～③に入る語句の組合せとして、次のうち最も適切なものはどれか。

日本サステナブル投資フォーラム（JSIF）によると、2023年のサステナブル投資の残高は、（　①　）兆円だった。2022年比で、日本株が＋12.3％、債券が＋26.0％、PEが＋53.1％、不動産投資が＋28.1％となっている。

運用手法別にみると、株式ESG投資指数連動・選別型が2022年比＋69.9％、同業他社比でESGパフォーマンスに優れており、定められた閾値以上の評価となるセクターや企業に投資をする（　②　）が同＋63.9％となった。ちなみに、ネガティブ・スクリーニングは同＋34.6％だった。また、投資時に、環境などにネガティブインパクトを緩和することを前提に、ポジティブなインパクトを生み出すものを投資対象とするインパクト投資は、（　③　）と増加した。

1）①310　　②ポジティブ・スクリーニング　　③＋150.3％
2）①310　　②ESGインテグレーション　　③＋227.7％
3）①537　　②ポジティブ・スクリーニング　　③＋227.7％
4）①537　　②ESGインテグレーション　　③＋150.3％

●解説と解答●

日本サステナブル投資フォーラム（JSIF）によると、2022年のサステナブル投資の残高は、約537兆円だった。「サステナブル投資残高調査2023」のレポートのなかで、サステナブル投資は、「2022年と比較して＋43.9兆円、8.9％の増加となり拡大が継続しているが、2021年までの急拡大からは伸びが落ち着き、サステナブル投資が各資産でかなり行き渡ってきた印象がある」としている。

また、インパクト投資については、注目が集まり、2022年比で＋227.7％の伸びとなったが、残高は1.6兆円と、サステナブル投資残高全体に占める割合は小さい。

正解　3）

3-3 責任投資原則（PRI）、責任銀行原則（PRB）

《問》以下の文章の空欄①～③にあてはまる語句の組合せとして、最も適切なものはどれか。

責任投資原則（PRI）とは、2006年に当時の国連事務総長が各国の大手機関投資家に呼びかけて策定された投資原則である。

投資分析と意思決定プロセスに（ ① ）の課題を組み込むなど（ ② ）つの原則で構成されている。署名機関で構成する「PRIアソシエーション」の本部はロンドンにあり、国連と協力関係を維持しつつ、自律的に ESG 投資を推進する組織である。

責任銀行原則（PRB）は、金融機関として社会的な役割と責任を果たしていくための枠組みとして発足し、6つの原則（整合性、インパクトと目標設定、顧客、（ ③ ）、ガバナンスと企業文化、透明性と説明責任）からなる。この原則について、3つの重要ステップ（（ ④ ）、目標設定と実行、説明責任）を署名から4年以内に、体制整備をすることが求められている。

1）①SDGs　②6　③エンゲージメント　④インパクト分析
2）①ESG　②6　③ステークホルダー　④インパクト分析
3）①ESG　②7　③エンゲージメント　④アセスメント
4）①SDGs　②7　③ステークホルダー　④アセスメント

・解説と解答・

責任投資原則（PRI：Principles for Responsible Investment）は、2006年に当時の国連事務総長が各国の大手機関投資家に呼びかけて策定された投資原則であり、投資分析と意思決定プロセスに ESG の課題を組み込むなど6つの原則で構成されている。「PRIアソシエーション」の本部はロンドンにある。

責任銀行原則（PRB：Principles for Responsible Banking）は2019年に発足し、国連環境計画・金融イニシアティブ（UNEP FI）が運営しており、世界中の銀行資産の40％以上を占める200超の銀行が署名している枠組みである。目的は、銀行業務において、ビジネス機会およびリスクの両面でインパクトを及ぼし得る分野を特定し事業戦略を設定、目標達成のために行動を起こし、進捗状況については透明性のある開示を行うことである。　　　**正解　2）**

3－4　責任投資原則（PRI）

> 《問》責任投資原則（PRI）に関する次の記述のうち、最も不適切なもの
>   はどれか。
> 1）投資分析と意思決定のプロセスに ESG の課題を組み込むこと。
> 2）環境や社会の問題に対して自ら考え、行動を起こすことのできる人
>   材の育成を行うこと。
> 3）責任投資原則を実行する際の効果を高めるために、協働すること。
> 4）株式の所有方針と所有習慣に ESG の課題を組み入れること。

・解説と解答・

　責任投資原則（PRI）は、2006年に国連の支援を得て、公表されたものである。投資の分析と意思決定、株主としての行動に ESG の要素を組み込むことなど、6原則からなる。
1）適切である。（原則1）
2）不適切である。本肢は、21世紀金融行動原則の7つの原則の1つ「人材育成」に関する記述である。PRI には、人材育成に関する項目は盛り込まれていない。
3）適切である。（原則5）
4）適切である。（原則2）

正解　2）

■PRI の6原則
原則1：投資分析と意思決定のプロセスに ESG の課題を組み入れる
原則2：株式の所有方針と所有習慣に ESG の課題を組み入れる
原則3：投資対象の主体に対し、ESG の課題について適切な開示を求める
原則4：資産運用業界において本原則が受け入れられ、実行に移されるよう、働きかけを行う
原則5：本原則の実施効果を高めるために協働する
原則6：本原則の実行に関する活動状況や進捗状況を報告する

コラム
21世紀金融行動原則

持続可能な社会の形成のために必要な責任と役割を果たしたいと考える金融機関の行動指針として、「持続可能な社会の形成に向けた金融行動原則（通称：21世紀金融行動原則）」が2011年10月に策定され、2022年に改訂されている。

【原則1】基本姿勢

持続可能な社会の形成のために、私たち金融機関自らが果たす責任と役割を認識の上、環境・社会・経済へのポジティブインパクトの創出や、ネガティブインパクトの緩和を目指し、それぞれの事業を通じて最善の取組みを率先して実践する。

【原則2】持続可能なグローバル社会への貢献

社会の着実で公正なトランジションに向けて、イノベーションを通じた産業や事業の創出・発展に資する金融商品やサービスを開発・提供し、持続可能なグローバル社会の形成をリードする。

【原則3】持続可能な地域社会形成への貢献

地域特性を踏まえた環境・社会・経済における課題解決をサポートし、地域の包摂性とレジリエンスの向上を通じて、持続可能な地域社会の形成をリードする。

【原則4】人材育成

金融機関における人的資本の重要性を認識し、環境や社会の問題に対して自ら考え、行動を起こすことのできる人材の育成を行う。

【原則5】多様なステークホルダーとの連携

持続可能な社会の形成には、私たち金融機関をはじめ、多様なステークホルダーが連携することが重要と認識し、かかる取組みに参画するだけでなく主体的な役割を担う。

【原則6】持続可能なサプライチェーン構築

気候変動・生物多様性等の環境問題や人権をはじめとする社会課題に積極的に取り組むとともに、投融資先を含む取引先等との建設的なエンゲージメントを通じて、持続可能なサプライチェーンの構築を図る。

【原則7】情報開示

社会の持続可能性を高める活動が経営的な課題であると認識し、国内外の動向と開示フレームワークを踏まえ、取組みを広くステークホルダーに情報開示するとともに不断の改善を行う。

3－5　日本版スチュワードシップ・コード

《問》『「責任ある機関投資家」の諸原則《日本版スチュワードシップ・コード》』（以下、「本原則」という）に関する次の記述のうち、最も適切なものはどれか。

1) 本原則は、2020年3月に改訂され「スチュワードシップ責任」の定義に、「運用戦略に応じたサステナビリティ（ESG要素を含む中長期的な持続可能性）の考慮」という文言が追加された。

2) 本原則を受け入れる機関投資家は、本原則を受け入れる旨と公表項目を自社サイトで公表すること、当該公表項目の内容について毎年見直し・更新すること、本原則の受入申請書を金融庁へ提出することが求められている。

3) 本原則は、法的拘束力のある規範であり、本原則の内容に違反した機関投資家には罰則が科される可能性がある。

4) 本原則によれば、機関投資家は、議決権の行使も含め、スチュワードシップ責任をどのように果たしているのかについて、原則として、顧客・受益者に対して随時報告を行うべきであり、当該報告に代えて、一般に公開可能な情報を公表すること等の代替手段は認められていない。

・解説と解答・

1) 適切である。『「責任ある機関投資家」の諸原則《日本版スチュワードシップ・コード》』とは、機関投資家が、顧客・受益者と投資先企業の双方を視野に入れ、責任ある機関投資家としてスチュワードシップ責任を果たすにあたり有用と考えられる8つの原則を定めたものである。なお、スチュワードシップ責任とは、機関投資家が、投資先企業やその事業環境等に関する深い理解のほか運用戦略に応じたサステナビリティ（ESG要素を含む中長期的な持続可能性）の考慮に基づく建設的な目的を持った対話（エンゲージメント）などを通じて、当該企業の企業価値の向上や持続的成長を促すことにより、顧客・受益者の中長期的な投資リターンの拡大を図る責任のことをいう。2020年3月の改訂時に、「スチュワードシップ責任」の定義に、「運用戦略に応じたサステナビリティ（ESG要素を含む中長期的な持続可能性）の考慮」という文言が追加された。

２）不適切である。本原則を受け入れる機関投資家は、次のことが求められている。

・本原則を受け入れる旨（受入表明）および公表項目を自社サイトで公表すること

・上記公表項目について、毎年見直し・更新を行うこと

・公表を行った自社サイトの URL を金融庁へ通知すること

したがって、「本原則の受入申請書を金融庁へ提出すること」は求められていない。

３）不適切である。本原則は、法令とは異なり法的拘束力を有する規範ではない。本原則の趣旨に賛同し受け入れる用意がある機関投資家は、その旨を自らのウェブサイト等で公表する必要があるが、本原則の受入れを公表した機関投資家であっても、すべての原則を一律に実施しなければならないわけではない。

４）不適切である。原則６において、原則として、顧客・受益者に対して定期的に報告を行うべきであるとされている。ただし、当該報告の相手方自身が個別報告は不要との意思を示しているような場合には、この限りではない。また、顧客・受益者に対する個別報告が事実上困難な場合などには、当該報告に代えて、一般に公開可能な情報を公表することも考えられる。

正解　1）

■日本版スチュワードシップ・コード

『「責任ある機関投資家」の諸原則《日本版スチュワードシップ・コード》』の８つの原則は以下のとおり。

原則１．機関投資家は、スチュワードシップ責任を果たすための明確な方針を策定し、これを公表すべきである。

原則２．機関投資家は、スチュワードシップ責任を果たす上で管理すべき利益相反について、明確な方針を策定し、これを公表すべきである。

原則３．機関投資家は、投資先企業の持続的成長に向けてスチュワードシップ責任を適切に果たすため、当該企業の状況を的確に把握すべきである。

原則４．機関投資家は、投資先企業との建設的な「目的を持った対話」を通じて、投資先企業と認識の共有を図るとともに、問題の改善に努めるべきである。

原則５．機関投資家は、議決権の行使と行使結果の公表について明確な方針を持つとともに、議決権行使の方針については、単に形式的な判断基準に

とどまるのではなく、投資先企業の持続的成長に資するものとなるよう工夫すべきである。

原則 6．機関投資家は、議決権の行使も含め、スチュワードシップ責任をどのように果たしているのかについて、原則として、顧客・受益者に対して定期的に報告を行うべきである。

原則 7．機関投資家は、投資先企業の持続的成長に資するよう、投資先企業やその事業環境等に関する深い理解のほか運用戦略に応じたサステナビリティの考慮に基づき、当該企業との対話やスチュワードシップ活動に伴う判断を適切に行うための実力を備えるべきである。

原則 8．機関投資家向けサービス提供者は、機関投資家がスチュワードシップ責任を果たすに当たり、適切にサービスを提供し、インベストメント・チェーン全体の機能向上に資するものとなるよう努めるべきである。

3－6　ESG投資の手法①

《問》ESG投資にかかる投資手法について説明した以下の文章の空欄①〜③に入る語句の組合せとして、次のうち最も適切なものはどれか。

　（　①　）とは、ESGの観点から特定の企業や業種に関わる有価証券等を投資対象から除外する、既に投資対象として保有している場合には、これを売却する投資手法のことである。（①）は、（　②　）社会や経済にプラスのインパクトを与えるという考え方がある一方で、近年では、投融資先の脱炭素化に向けた取組みを支援することでこそ、実経済の脱炭素化が実現することから、金融機関については、トランジション戦略を着実に実現すべく、投融資後も積極的な対話が期待されている。

　また、企業の持続的な成長と企業価値向上に向けて、投資家が投資先企業に対して建設的な対話を通じて中長期的な視点で経営の改善に働きかけていくことを（　③　）という。

1）①インベストメント　②中長期的に　③コミットメント
2）①インベストメント　②短期的に　　③エンゲージメント
3）①ダイベストメント　②中長期的に　③エンゲージメント
4）①ダイベストメント　②短期的に　　③コミットメント

・解説と解答・

　ダイベストメントとは、ESGの観点から、特定の企業や業種に関わる有価証券等を投資対象から除外する、既に投資対象として保有している場合には、これを売却する投資手法のことである。

　ダイベストメントが話題にのぼるようになったのは、環境問題、特にCO_2削減に関連して「脱石炭」「脱炭素」という考え方が広まり、過去に石炭関連企業や石炭火力発電を行う電力会社に対する投資を引きあげる動きがあったためである。ダイベストメントについては、ESG投資の中心的な存在となっている年金基金等の「ユニバーサルオーナー」の間でも評価が分かれている。「中長期的に社会や経済にプラスのインパクトを与える」と肯定する意見がある一方、近年では、投融資先の脱炭素化に向けた取組みを支援することでこ

そ、実経済の脱炭素化が実現することから、金融機関については、トランジション戦略を着実に実現するべく投融資による関わりが重要であるという見方もある。

　なお、エンゲージメントとは、投資家が投資先企業に対して建設的な対話を通じて中長期的な視点から経営の改善に働きかけることで、企業の持続的な成長と企業価値向上を促すことを目指すものである。

<u>正解　3 ）</u>

3－7　ESG 投資の手法②

《問》ESG 投資手法に関する次の記述のうち、最も適切なものはどれか。
1）特定の ESG 基準に基づき、特定のセクターや企業、慣行をファンドやポートフォリオから除外することを「規範に基づくスクリーニング」という。
2）業界の同業他社と比較して ESG パフォーマンスがポジティブであると判断された企業やプロジェクトに投資することを「ESG インテグレーション」という。
3）会社側提案または株主提案による株主総会議案に関する賛否等を表明することを「ベスト・イン・クラス」という。
4）持続可能性に特化したテーマや資産への投資のことを「サステナビリティ・テーマ型投資」という。

● 解説と解答 ●

　ESG 投資手法は、GSIA（Global Sustainable Investment Alliance）において分類され、定義されている。
1）不適切である。本肢は、ネガティブ・スクリーニングの説明である。規範に基づくスクリーニングとは、国連グローバル・コンパクト（UNGC）の10原則などの国際的に合意された規範に基づき、投資対象の企業を選定する手法のことをいう。
2）不適切である。本肢は、ポジティブ・スクリーニングの説明である。ESG インテグレーションとは、従来の投資手法で用いる財務分析に ESG の要素を組み合わせて、投資対象の企業を選定する投資手法のことをいう。
3）不適切である。本肢は、議決権行使の説明である。ベスト・イン・クラスは、各業種で ESG への取組みの観点からトップクラスの銘柄を保有する投資手法のことをいう。
4）適切である。太陽光発電事業への投資ファンド、グリーンボンドファンドなどがサステナビリティ・テーマ型投資として挙げられる。

正解　4）

3－8　ESG 地域金融

《問》「ESG 地域金融実践ガイド2.2」に関する次の記述のうち、最も適切なものはどれか。

1）ESG 要素を考慮したファイナンスとは、地域課題の解決のためのニーズを経済的価値の源泉とする事業を発掘し、事業性を見極めつつ適切な融資・支援を行う金融行動である。

2）中小企業にとって温室効果ガスの排出量削減の取組みは、光熱費・燃料費削減といった経営上の「守り」の要素が大きい。

3）ESG 要素を考慮したファイナンスは、従前から地域金融機関が取り組んできた、事業性評価での目利き、融資先への丁寧なモニタリング、本業支援等とは別の取組みとして、実践されるべきとしている。

4）政府が持続可能な地域の実現に対して人材派遣、情報・ノウハウ、資金提供をするため、地域金融機関は、自社のリソースを投入することなく ESG 地域金融の取組みを実践することができる。

・解説と解答・

　日本の間接金融中心の金融構造を踏まえて、環境省は、地域金融機関に対して、地域の核として地域の持続可能性の向上に資する ESG 地域金融の実践を期待している。事業性評価に基づく融資・本業支援等の金融行動において ESG 要素を考慮し、組織全体として ESG 地域金融に取り組むための手引きとして、「ESG 地域金融実践ガイド2.2」を公表している。

1）適切である。ESG 地域金融は、地域の持続可能性の向上に資する金融行動を重ねることで、個社レベルでは企業価値向上や競争力強化、地域レベルでは ESG 要素に関わるネガティブなインパクトの抑制とポジティブなインパクトの創出が図られ、ひいては環境・社会課題の解決、経済の強靱化が期待される、としている。

2）不適切である。中小企業にとって温室効果ガスの排出量削減の取組みは、光熱費・燃料費削減といった経営上の「守り」の要素だけでなく、取引機会の獲得、売上拡大といった「攻め」の要素にもなり得る。

3）不適切である。ESG 要素を考慮したファイナンスは、従前からの地域金融機関の取組みの延長線上にあるものとして位置づけられている。

4）不適切である。取組初期には一定のリソース投入が必要とされ、地域金融機関の経営層は、そのための意思決定ができる主体として、期待されている。

正解　1）

3 - 9　サステナブル投資戦略／ESG インテグレーション

《問》サステナブル投資手法の１つである ESG インテグレーション等に
関する次の記述のうち、最も不適切なものはどれか。
1 ）ESG インテグレーションとは、マクロ経済環境の分析や企業の業
績予測などの通常の財務分析のなかに ESG 要因を組み込んで分析
する方法をいう。
2 ）「サステナブル投資残高調査2023」によると、ESG インテグレーシ
ョンは、日本において最も多く用いられているサステナブル投資手
法であるといえる。
3 ）ESG 投資の原型となった社会的責任投資（SRI）において、酒、た
ばこ、ギャンブルなどの特定の業種に関わる企業を投資先から除外
するといった手法がとられていたが、この手法はインテグレーショ
ンに該当する。
4 ）資産運用会社が、企業分析のために ESG 評価・データ提供機関を
活用する際、活用する ESG 評価やデータ内容について、適切な検
証が必要である。

・解説と解答・

　サステナブル投資の手法に係る分類は、GSIA（Global Sustainable Invest-
ment Alliance）が示す 7 つの分類が、グローバルスタンダードとして一般的
に用いられている。 7 つの分類とは、次のとおりである。
　①ネガティブ・スクリーニング
　②ポジティブ・スクリーニング（ベスト・イン・クラス）
　③規範に基づくスクリーニング
　④ESG インテグレーション
　⑤サステナビリティ・テーマ型投資
　⑥インパクト・コミュニティ投資
　⑦エンゲージメント（議決権行使等）
1 ）適切である。GSIA によると、ESG インテグレーションとは、マクロ経済
　　環境の分析や企業の業績予測などの通常の財務分析のなかに ESG 要因を
　　組み込んで分析する方法をいう。
2 ）適切である。「サステナブル投資残高調査2023」によると、2023年の ESG

インテグレーションは約438兆円、エンゲージメントは約294兆円、ネガティブ・スクリーニングは約327兆円、ポジティブ・スクリーニングは約10兆円、サステナビリティ・テーマ型投資は33兆円、インパクト投資は1兆円などとなっており、日本ではESGインテグレーションが最も多く用いられているといえる。

3）不適切である。ESG投資の原型となった社会的責任投資（SRI）において、酒、たばこ、ギャンブルなどの特定の業種に関わる企業を投資先から除外するといった手法がとられたが、これはESG投資の手法における「ネガティブ・スクリーニング」に該当する。

4）適切である。各ESG評価機関の提供するデータには特徴があり、当該データを参考にサステナブル投資を行う場合は、各データの特徴を把握したうえで行うことが重要である。各ESG評価機関が提供するデータは、その強み（環境に強いのか、ガバナンスに強いのか、ディスクロージャーを重視しているのか）、評価対象企業、評価項目、提供される方法、更新頻度等が異なることがあり、同一企業であってもESG評価機関によって異なる評価となることがある。

正解　3）

3 － 10　サステナブル投資戦略／インパクト投資

> 《問》サステナブル投資手法の 1 つであるインパクト投資・コミュニティ
> 投資に関する次の記述のうち、最も適切なものはどれか。
> 1 ）インパクト投資とは、財務的リターンと並行して、測定不可能な社
> 会的および環境的インパクトを同時に生み出すことを意図する投資
> をいう。
> 2 ）ある投資がインパクト投資とされるための要素とは、「意図」「財務
> 的リターン」「広範なアセットクラス」「インパクト測定」の 4 つと
> される。
> 3 ）マイクロファイナンスとは、低所得者層の起業家を支援する目的で
> デジタル技術を用いた資金調達手法の 1 種である。
> 4 ）金融庁が2024年 3 月に公表した「インパクト投資（インパクトファ
> イナンス）に関する基本的指針」は、インパクト投資市場の参加者
> が、その他のガイドラインと同様に、同指針に照らして評価すると
> いった活用が想定されている。

・解説と解答・

1 ）不適切である。インパクト投資とは、財務的リターンと並行して、"測定
可能な"社会的および環境的インパクトを同時に生み出すことを意図する
投資をいい、ESG 投資のなかでも特に、明示的に社会的・環境的インパ
クトの実現を投資目標にしていることが特徴である。
2 ）適切である。GSG 国内諮問委員会によると、次の 4 点がインパクト投資
であるかどうかの要素とされる。
　①意図：投資主体が、その投資活動を通じてポジティブなインパクトの創
　　出を目指している（意図している）かどうか。
　②財務的リターン：インパクトの創出のみならず、その投資活動を通じて
　　財務的なリターンの獲得を目指しているかどうか。
　③広範なアセットクラス：インパクト投資は特定のアセットへの投資に限
　　定されず、投資、融資、リース等の財務的リターンを求めるいっさいの
　　金融取引が対象とされる。
　④インパクト測定：投資主体が、投資活動の結果生じる社会的・環境的変
　　化等を把握し、価値判断を加える活動を実施するものかどうか。

3）不適切である。マイクロファイナンスとは、融資、預貯金および送金等を含む貧困層向けの小規模金融サービスの総称である。マイクロファイナンスを扱う金融機関は、これまで金融サービスとは縁遠かった貧困層に対し、少額で無担保・低担保の融資を行い、貧困層が資金を零細事業の運営に役立て、自立し、貧困から脱出することを支援する役割を担うこととなる。バングラデシュにあるグラミン銀行が、その先駆けとして有名である。マイクロファイナンスは、社会的弱者などのコミュニティを投資対象とするコミュニティ投資の1種といえる。

4）不適切である。金融庁が2024年3月に公表した「インパクト投資（インパクトファイナンス）に関する基本的指針」は、インパクト投資市場の参加者が、その基本的要素を明らかにすることで、インパクト投資の基本的な考え方等について共通理解を醸成し、市場・実務の展開を促進することを目的としている。したがって、グリーン分野等での「ガイドライン」等と異なり、インパクト投資に該当するために充足が必須な実務的条件を網羅的に示すものではない。したがって、インパクト投資の実施等にあたり、インパクト投資としての整合性を金融機関が本指針に照らして評価するといった活用は想定していない。

正解　2）

3 −11　サステナブル投資戦略／エンゲージメント

《問》サステナブル投資手法の１つであるエンゲージメント（議決権行使
等）に関する次の記述のうち、最も適切なものはどれか。
1 ）消費者がクチコミや投書などを通じて企業のESG課題の改善を図
ることは、エンゲージメントの１種といえる。
2 ）投資家が企業のIR説明会に出席することは、エンゲージメントと
いえる。
3 ）日本版スチュワードシップ・コードでは、エンゲージメントを打算
的な「思惑を持った対話」としており、機関投資家と企業のエンゲ
ージメントを通じて、企業と認識の共通を図るとともに、問題の改
善に努めるべきとしている。
4 ）Climate Action100＋は、気候変動に関するグローバルな投資家エ
ンゲージメントイニシアチブであり、世界の温室効果ガス排出上位
企業を対象に共同でエンゲージメントすることを目的としている。

・解説と解答・

1 ）不適切である。エンゲージメントとは、投資先企業の行動に資金提供者
（株主等）の立場から関与していくことをいい、エンゲージメントを通じ
て投資先企業のESG課題の改善を図ることも、ESG投資の主要な方法と
されている。エンゲージメントは、具体的な課題（アジェンダ）を設定
し、達成すべきゴールを定めて行う対話である。
2 ）不適切である。IR説明会への出席や株主総会前の議案の説明などだけで
は建設的な「目的を持った対話」とはならず、サステナブル投資手法とし
てのエンゲージメントとはいえない。
3 ）不適切である。日本版スチュワードシップ・コードの原則４では、エン
ゲージメントを建設的な「目的を持った対話」としており、機関投資家と企
業のエンゲージメントを通じて、企業と認識の共通を図るとともに、問題
の改善に努めるべきとしている。
4 ）適切である。

正解　4 ）

3 −12　トランジション・ファイナンス①

《問》トランジション・ファイナンスに関する以下の文章の空欄①～③に
　　　入る語句の組合せとして、次のうち最も適切なものはどれか。

　トランジション・ファイナンスとは、気候変動への対策を検討し
ている企業が、脱炭素社会の実現に向けて、長期的な戦略に則った
温室効果ガス削減の取組みを行っている場合に、その取組みを支援
することを目的とした金融手法をいう。それらの投融資を行う際に
「トランジション・ボンド／ローン」等と（　①　）して資金供
給・調達を行うことを可能とするための手引きとして、「クライメ
ート・トランジション・ファイナンスに関する基本指針」を策定し
た。
　また、経済産業省では、温室効果ガス（GHG）多排出産業の
2050年カーボンニュートラル実現に向けた具体的な移行の方向性を
示すため、脱炭素技術の実用化などを踏まえ、分野別に（　②　）
を策定した。これは、金融機関が投融資を行う際に、その企業戦略
がトランジション・ファイナンスとして適格かどうかを判断材料と
して使えるものである。一方で、金融機関の投融資先のGHG排出
量は、（　③　）として算定される。

1）①グルーピング　　②ロードマップ　　③Scope1
2）①ラベリング　　　②ロードマップ
　　③ファイナンスド・エミッション
3）①ラベリング　　　②ガイダンス　　　③Scope1
4）①グルーピング　　②ガイダンス
　　③ファイナンスド・エミッション

・解説と解答・

　トランジション・ファイナンスとは、気候変動への対策を検討している企業
が、脱炭素社会の実現に向けて、長期的な戦略に則った温室効果ガス削減の取
組みを行っている場合に、その取組みを支援することを目的とした金融手法を
いう。
　「クライメート・トランジション・ファイナンスに関する基本指針」の目的

は、トランジション・ファイナンスを普及させ、その信頼性を確保することで、特に温室効果ガス（GHG）排出削減が困難な（Hard-to-abate）産業における脱炭素に向けた資金調達手段としてその地位を確立し、より多くの資金導入ができることである。

　また、経済産業省は、GHG多排出産業の2050年カーボンニュートラル実現に向けた具体的な移行の方向性を示すため、脱炭素技術の実用化などを踏まえ、分野別にトランジション・ファイナンス推進のためのロードマップを策定した。このロードマップは、企業にとっては、トランジション・ファイナンスを活用した気候変動対策を検討する際の参考資料となり、金融機関等においては、企業への資金供給を行う際に、脱炭素に向けた企業の戦略や取組みがトランジション・ファイナンスとして適格かどうかの判断材料になる。

　金融機関の投融資先のGHG排出量は、ファイナンスド・エミッションとして、算定され、GFANZ（Glasgow Financial Alliance for Net Zero）傘下の金融同盟に賛同する投資家・金融機関は、2050年までにファイナンスド・エミッションを含め排出量をネットゼロとすることが求められている。なお、トランジション・ファイナンスを実施する金融機関は、Hard-to-abate産業への資金供給によって一時的にファイナンスド・エミッションが増加するため、Hard-to-abate産業に対する投融資を控えるという課題が指摘されており、課題解決に向けて官民で議論が進められている。

正解　2）

【図表】クライメート・イノベーションの重要性

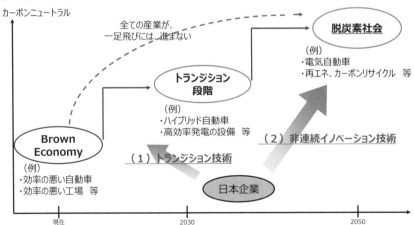

出典：経済産業省「クライメート・イノベーション・ファイナンス戦略2020」

3−13 トランジション・ファイナンス②

《問》「クライメート・トランジション・ファイナンスに関する基本指針
（2021年5月）」（以下、「基本指針」という）に関する次の記述のうち、最も不適切なものはどれか。
1）トランジション・ファイナンスにおいて、資金調達者が開示することが推奨されている4つの要素として、①資金調達者のクライメート・トランジション戦略とガバナンス、②ビジネスモデルにおける環境面のマテリアリティ、③科学的根拠のあるクライメート・トランジション戦略（目標と経路を含む）、④実施の透明性が挙げられている。
2）資金使途がグリーンプロジェクトに当たらないプロジェクトの場合、トランジションの4つの開示要素を満たし、発行プロセス等は既存の原則やガイドラインに従うなどの条件を満たしていれば、トランジション・ファイナンスの対象となる。
3）資金使途を特定しないサステナビリティ・リンク・ボンドがトランジション・ファイナンスの対象となるには、サステナビリティ・リンク・ボンド原則で定められている5つの要素（KPIの選定、SPTの測定、債券の特性、レポーティング、検証）を満たすことが求められる。
4）トランジション・ファイナンスにおいて企業が資金を調達する場合、トランジション戦略の目標として2050年の長期目標を設定することで科学的根拠のあるクライメート・トランジション戦略の要素を満たすことができる。

・解説と解答・

1）適切である。なお、トランジション・ファイナンスで資金調達する主体は、①脱炭素化に向けた目標を掲げ、その達成に向けた戦略・計画を策定しており、戦略・計画に即した取組みを実施するための原資を調達する主体、および②他者の脱炭素化に向けたトランジションを可能にするための活動（投融資を含む）の原資を調達する主体となる。
2）適切である。トランジション・ファイナンスは、「①トランジションの4要素を満たし、資金使途を特定したボンド／ローン（資金使途がグリーン

プロジェクトには当たらないが、プロセス等は既存の原則、ガイドラインに従う）、②トランジションの4要素を満たし、トランジション戦略に沿った目標設定を行い、その達成に応じて借入条件等が変動する資金使途不特定のボンド／ローン（プロセス等は既存の原則、ガイドラインに従う）、③トランジションの4要素を満たし、既存のグリーンボンド原則、グリーンボンドガイドラインに沿ったもの（資金使途がグリーンプロジェクトに当たるもの）」に該当する金融商品を対象としている。なお、上記の①〜③に限らず、トランジション・ファイナンスの4つの開示要素を満たす金融商品は、トランジション・ファイナンスになりうる。下掲の【図表】参照。

3）適切である。

4）不適切である。科学的根拠のあるクライメート・トランジション戦略としての目標は、2050年の長期目標に加え、中間目標（短中期目標）を含み、長期間、一貫性のある測定方法で定量的に測定可能であるべきである、とされている。

正解　4）

【図表】トランジション・ファイナンスの位置付け

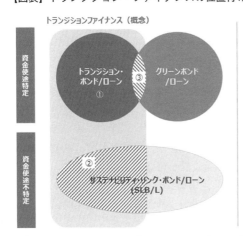

出典：クライメート・トランジション・ファイナンスに関する基本指針

3-14 サステナビリティ・リンク・ファイナンス①

《問》「サステナビリティ・リンク・ローン原則」（2023年2月版、以下、「SLLP」という）に関する次の記述のうち、最も不適切なものはどれか。

1）SLLPは、サステナビリティ・リンク・ローンに関する法的拘束力を有する国際的な法令である。
2）SLLPによると、サステナビリティ・パフォーマンス・ターゲット（SPTs）は、各重要業績評価指標（KPI）値の大幅な改善に結びつけられ、「従来通りの事業」のシナリオを超える野心的なものであること、とされている。
3）SLLPによると、重要業績評価指標（KPI）の選定は、適用対象範囲、計算方法、ベースラインの定義を含め、可能な場合には業界基準に基づき評価するべきである、とされている。
4）SLLPによると、レポーティングについて、借手は、少なくとも年一回、SPTsに関する情報を貸手に提供すべきである、とされている。

・解説と解答・

　サステナビリティ・リンク・ローンとは、借手による野心的な事前に設定されたサステナビリティ・パフォーマンス目標の達成への動機付けを与える、ローン商品等である。借手のサステナビリティ・パフォーマンスは、重要業績評価指標（KPI）、サステナビリティ・パフォーマンス・ターゲット（SPTs）を用いて測定される。

　サステナビリティ・リンク・ローンの資金使途は、限定されず、一般事業目的で利用され、借手にあわせた柔軟な商品設計が可能である。

　サステナビリティ・リンク・ローンは、事前に設定したSPTに対する借手のパフォーマンスによってローンの経済条件が変動するため、結果的に借手のサステナビリティの向上につながることが期待される。

1）不適切である。SLLPは、サステナビリティ・リンク・ローンに関する自主的ガイドラインであり、法令ではない。サステナビリティ・リンク・ローンの国際的な基準として一般的に認識されている。
2）適切である。

3 ）適切である。
4 ）適切である。

正解　1 ）

3−15　サステナビリティ・リンク・ファイナンス②

> 《問》サステナビリティ・リンク・ローン（以下、「SLL」という）に関する次の記述のうち、適切なものはいくつあるか。
>
> > ① SLL は、ローンの借手がサステナビリティ・パフォーマンス・ターゲット（SPTs）を設定し、そのサステナビリティの改善度合いと融資条件が連動するものである。
> > ②2023年における日本国内の SLL 組成額は、グリーンローン組成額を上回っている。
> > ③ SLL は、調達資金の融資対象がサステナビリティプロジェクトに限定されるものである。
> > ④サステナビリティ・リンク・ローン原則によると、借手は、SPTs に対するパフォーマンスレベルついて、独立した外部検証を少なくとも年 1 回は受けなければならない。
>
> 1 ） 1 つ
> 2 ） 2 つ
> 3 ） 3 つ
> 4 ） 4 つ

・解説と解答・

①適切である。SLL は、借手のサステナビリティ目標と SPTs の関係が整理され、事前に定められた KPI で測定される適切な SPTs によってサステナビリティの改善度合いを評価・測定し、それらに関する融資後のレポーティングを通じ、透明性が確保されたローンと定義される。

②不適切である。環境省によると、2023年はグリーンローンの組成額（9,184億円）の方が SLL 組成額（7,059億円）よりも大きかった。

③不適切である。グリーンローンと異なり、SLL は調達資金の使途が特定のプロジェクトに限定されるものではない。

④適切である。SLL は、事前に設定した SPTs のベンチマークに対する借手のパフォーマンスによってローンの経済条件が変動するローンである。各KPI の SPTs に対するパフォーマンスレベルについて、独立した外部機関による検証を少なくとも年 1 回以上受けなければならない。

したがって、適切なものは2つである。

<u>正解　2）</u>

3−16　グリーンボンド、グリーンローン①

《問》グリーンボンドおよびグリーンローンに関する次の記述のうち、最も不適切なものはどれか。
1 ）グリーンボンドとは、調達資金、またはその相当額が適格なグリーンプロジェクトにのみ充当され、調達資金が確実に追跡管理され、それらについて発行後のレポーティングを通じ透明性が確保された債券である。
2 ）グリーンボンド発行に関するガイドラインであるグリーンボンド原則では、「調達資金の使途」「プロジェクトの評価と選定のプロセス」「調達資金の管理」「レポーティング」「検証」の５つの要素が規定されている。
3 ）グリーンボンドおよびグリーンローンはともに、日本銀行が行う気候変動対応資金供給オペレーションにおける「気候変動対応に資する投融資」に該当する。
4 ）グリーンボンドの利回りでは、投資家が、グリーンボンドに対してプレミアムを払う結果、その利回りが通常の社債の利回りを下回ることもある。

・解説と解答・

1 ）適切である。なお、グリーンローンは、企業や地方自治体等が、国内外のグリーンプロジェクトに要する資金を調達する際に用いられる融資であり、具体的には、①調達資金の使途がグリーンプロジェクトに限定され、②調達資金が確実に追跡管理され、③それらについて融資後のレポーティングを通じ透明性が確保された融資をいう。
2 ）不適切である。グリーンボンド発行に関するガイドラインであるグリーンボンド原則では、「調達資金の使途」「プロジェクトの評価と選定プロセス」「調達資金の管理」「レポーティング」の４つの要素が規定されており、「検証」は含まれない。
3 ）適切である。日本銀行の「気候変動対応を支援するための資金供給オペレーション基本要領」では、以下①〜⑤のいずれかに該当する、もしくはそれらに準じると貸付先が判断するものが気候変動対応に資する投融資に該当すると定められている。

　　①グリーンローン

　　②グリーンボンド（サステナビリティボンドを含む）

　　③サステナビリティ・リンク・ローン（気候変動対応に紐づく評価指標が
　　　設定されているものに限る）

　　④サステナビリティ・リンク・ボンド（気候変動対応に紐づく評価指標が
　　　設定されているものに限る）

　　⑤トランジション・ファイナンス

4）適切である。グリーンボンドの利回りでは、投資家が、グリーンボンドに
　対してプレミアムを支払う結果、その利回りが通常の社債利回りを下回る
　こともある。この現象をグリーニアムという。グリーニアムは、グリーン
　とプレミアムを合わせた造語である。

<u>正解　2）</u>

3－17　グリーンボンド、グリーンローン②

《問》グリーンボンドおよびグリーンローンに関する次の記述のうち、最も不適切なものはどれか。

1）グリーンボンドおよびグリーンローンは、資金使途がグリーンプロジェクトへの初期投資に限られ、リファイナンスの場合には、組成できない。

2）工場建設資金をグリーンボンドまたはグリーンローンで調達しようとする場合、調達資金の使途の適切性は、工場の環境性能という観点だけでなく、工場の用途という観点からも評価される。

3）グリーンローンについて1つの契約のなかで、グリーンプロジェクトの資金調達部分（トランシェ）と運転資金の調達部分（トランシェ）を分けることで、グリーンプロジェクトの資金調達部分のみをグリーンローンとすることができる。

4）グリーンボンドおよびグリーンローンの対象となるグリーンプロジェクトには、再生可能エネルギーおよびグリーンビルディングのほか、サーキュラーエコノミーに関する事業、持続可能な水資源管理に関する事業も含まれる。

・解説と解答・

1）不適切である。グリーンボンドおよびグリーンローンは、リファイナンスの場合であっても、組成できる。なお、環境省の「グリーンボンドガイドライン」および「グリーンローンガイドライン」において、「長期にわたり維持が必要である資産について、複数回のグリーンボンドの発行やグリーンローンによる資金調達を通じてリファイナンスを行う場合は、発行時点において、その資産の経過年数、残存耐用年数やリファイナンスされる額を明確に開示し、長期にわたる環境改善効果の持続性について評価し、必要に応じて外部機関による評価を受け確認するべきである」と記載されている。

2）適切である。

3）適切である。環境省の「グリーンローンガイドライン」において、「ローンが複数のトランシェ（リスクレベルや利回りなどの条件で区分したもの）に分かれている場合、そのうち1つ以上のトランシェをグリーンロー

ンとする形をとる場合がある。こうした場合においては、グリーントラン
シェを明確に指定し、グリーントランシェへの借入資金が借り手によって
別の勘定に入金されるか、またはその他の適切な方法により追跡管理でき
るようにすべきである」とされている。

4）適切である。

正解　1）

■**適格なグリーンプロジェクトの事業区分**（一部抜粋、これに限定されるもの
ではない）

・再生可能エネルギー（発電、送電、装置、製品を含む）

・エネルギー効率（新築・リフォーム済建物、エネルギー貯蔵、地域暖房、ス
マートグリッド、装置、商品など）

・汚染防止および抑制（大気排出の削減、温室効果ガス管理、土壌浄化、廃棄
物の発生抑制、廃棄物の削減、廃棄物のリサイクルおよび省エネ・省排出型
の廃棄物発電）

・生物自然資源および土地利用に係る環境持続型管理（環境持続型農業、環境
持続型畜産、生物学的穀物管理または点滴灌漑といった環境スマートファー
ム、環境持続型漁業・水産養殖業、植林や森林再生といった環境持続型林
業、自然景観の保全および復元を含む）

・クリーン輸送（電気自動車、ハイブリッド自動車、公共交通、鉄道、非自動
車式輸送、マルチモーダル輸送、クリーンエネルギー車両と有害物質の排出
削減のためのインフラなど）

・持続可能な水資源および廃水管理（清潔な水や飲料水の確保のための持続可
能なインフラ、廃水処理、持続可能な都市排水システム、河川改修やその他
方法による洪水緩和対策を含む）

・地域、国または国際的に環境性能のために認知された標準や認証を受けたグ
リーンビルディング

3−18 ポジティブ・インパクト・ファイナンス①

《問》国連環境計画・金融イニシアティブ（UNEP FI）の「ポジティブ・インパクト金融原則」に関する次の記述のうち、最も不適切なものはどれか。

1）原則1「定義」では、ポジティブ・インパクト・ファイナンスを、持続可能な開発の3つの側面（環境、社会、経済）のいずれかにおいて潜在的なマイナスの影響が適切に特定・緩和され、かつ、それらの2つ以上の面でプラスの貢献をもたらす投融資と定めている。

2）原則2「枠組み」では、銀行や投資家は、投融資先のポジティブ・インパクトを特定しモニターするための十分なプロセス、方法、ツールが必要であるとしている。

3）原則3「透明性」では、銀行や投資家は、投融資先が意図したポジティブ・インパクトについて、透明性の確保と情報開示が求められるとしている。

4）原則4「評価」では、ポジティブ・インパクト・ファイナンスは、実際のインパクトの実現度合いに基づいて評価されなければならないとしている。

・解説と解答・

　ポジティブ・インパクト金融原則は、SDGsの達成に向け、金融機関が積極的な投融資を行うための原則として、2017年1月に国連環境計画金融イニシアティブ（UNEP FI）により策定されたものである。資金提供先企業のネガティブな影響を軽減し、現実的かつ信頼性のある方法でポジティブな影響を高めるための資金提供のあり方を定めており、「定義」、「枠組み」、「透明性」、「評価」の4つの原則で構成されている。

1）不適切である。「定義」では、ポジティブ・インパクト・ファイナンスを、ポジティブ・インパクト・ビジネスのための金融であり、持続可能な開発の3つの側面（環境、社会、経済）のいずれかにおいて、潜在的なマイナスの影響が適切に特定・緩和され、なおかつそれらの1つ以上の面でプラスの貢献をもたらす投融資、と定めている。

2）適切である。

3）適切である。

４）適切である。

正解　1）

■ポジティブ・インパクト金融原則

　ポジティブ・インパクト金融原則は、以下の４つの原則から構成されており、SDGs 達成に向けた取組みに対するポジティブ・インパクト投融資を推進することを目的の１つとしている。

原則１（定義）

　ポジティブ・インパクトとは持続可能な開発の３つの側面（経済、社会、環境）のいずれかにおいて潜在的なマイナスの影響が適切に特定、緩和され、なおかつ少なくともそれらの一つの面でプラスの貢献をもたらすこと。

原則２（フレームワーク）

　ポジティブ・インパクト金融を実行するには、事業主体（銀行、投資家など）が、それらの事業活動、プロジェクト、プログラム、および/または投融資先の事業主体のポジティブ・インパクトを特定しモニターするための十分なプロセス、方法、ツールが必要である。

原則３（透明性）

　銀行や投資家は、以下の点について透明性の確保と情報開示が求められる。
- ・投融資先の事業主体の意図したポジティブ・インパクトについて（原則１）
- ・適格性を判断し、影響をモニターし検証するために確立されたプロセスについて（原則２）
- ・投融資先の事業主体が達成したインパクトについて（原則４）

原則４（評価）

　銀行や投資家が提供するポジティブ・インパクト金融は、意図するインパクトの実現度合いによって評価されなければならない。

3−19　ポジティブ・インパクト・ファイナンス②

《問》環境省の「インパクトファイナンスの基本的考え方」（2020年7月
15日公表）に関する次の記述のうち、最も不適切なものはどれか。
1）インパクトの特定では、①企業の多様なインパクトを包括的に把握
するものと、②プロジェクトやファンドベース等で特定のポジティ
ブインパクトを狙いにいくものがあり、これらは相互に排他的なも
のであるとされている。
2）インパクトの事前評価では、コア・インパクトだけでなく、インパ
クトの管理体制や創出に向けたビジョン・仕組み、経営層の意思や
目標へのコミットメント、インパクト戦略の有無等についても評価
することが有効であるとされている。
3）インパクトのモニタリングでは、インパクトウォッシュを防ぐ観点
から、モニタリング結果については、専門的知識および一定の独立
性を有する内部の部門または第三者による外部評価を受ける等によ
り、客観性を担保することが望ましいとされている。
4）インパクトの情報開示では、インパクト戦略やインパクトの管理体
制等、インパクトファイナンスに係るその他の情報についても、可
能な範囲で情報開示することが望ましいとされている。

・解説と解答・

1）不適切である。インパクトの特定に当たっては、①企業の多様なインパク
トを包括的に把握するものと、②プロジェクトやファンドベース等で特定
のポジティブインパクトを狙いにいくものがあり、投融資案件の性質によ
り、金融機関等がふさわしいほうを活用でき、①、②は併用されることも
想定される。
2）適切である。インパクトの事前評価は、投融資前のフォワードルッキング
な評価であるため、コア・インパクトだけでなく、インパクトの管理体制
や創出に向けたビジョン・仕組み、経営層の意思や目標へのコミットメン
ト、インパクト戦略の有無等についても評価することが有効と考えられて
いる。合わせて、インパクトの追加性（新しい市場へのサービス等の提供
や、既存事業であっても新規投資によってサービス等の質や量を向上させ
る等、その案件がなければ提供されなかったであろうインパクトを生み出

したかどうか）も考慮することが望ましいとされている。

3）適切である。インパクトウォッシュとは、ポジティブ・インパクトを与え、ネガティブ・インパクトを緩和・管理すると主張・標榜しながらも、実際はポジティブ・インパクトがない、または不正に水増しされていた、ネガティブ・インパクトが適切に緩和・管理されていなかったなど、その実態が伴わないことを指す。なお、外部評価を受ける場合には、インパクトファイナンスに関する十分な専門的知識を有する機関に評価を依頼することが重要である。

4）適切である。インパクトファイナンスであることを主張・標榜し、社会からの支持を得るためには、情報開示による透明性の確保が必要である。投融資時には、インパクト特定の際に活用したフレームワーク、特定したコア・インパクト、KPI、事前評価等を、投融資後には、少なくとも年1回以上、モニタリング結果について情報開示を行うことが求められるが、このほかにインパクト戦略やインパクトの管理体制等、インパクトファイナンスに係るその他の情報についても、可能な範囲で情報開示することが望ましいとされている。

正解　1）

【図表】個別の投融資におけるインパクトファイナンスの基本的流れ

出典：環境省　「インパクトファイナンスの基本的考え方」　P10-17

3－20　ソーシャルボンド

《問》 国際資本市場協会（ICMA）が定めた「ソーシャルボンド原則
2023」（2023年6月）（以下、「本原則」という）に関する次の記述
のうち、最も適切なものはどれか。
1）本原則は、5つの核となる要素である「調達資金の使途」「プロジェクトの評価と選定のプロセス」「調達資金の管理」「レポーティング」「検証」で構成されている。
2）本原則は、発行体がソーシャルボンドの発行に関し準拠すべき内容が示されている法的拘束力のある原則である。
3）ソーシャルプロジェクトにおいて付随的に環境に対しネガティブな効果が少しでも発生する場合には、ソーシャルボンドの適格プロジェクトから除外される。
4）本原則は、透明性向上のための重要な推奨項目として、「ソーシャルボンド・フレームワーク」と「外部評価」の2つを定めている。

・解説と解答・

1）不適切である。ソーシャルボンド原則は、4つの核となる要素である「調達資金の使途」「プロジェクトの評価と選定のプロセス」「調達資金の管理」「レポーティング」で構成されている。
2）不適切である。ソーシャルボンド原則は自主的な原則であり、法的拘束力はない。
3）不適切である。ソーシャルプロジェクトで付随的に環境に対しネガティブな効果がある場合においても、そのネガティブな効果を考慮したうえでも本来想定されるポジティブな社会的効果が明らかに有益であると発行体が評価する場合はソーシャルボンドの適格プロジェクトとなる。
4）適切である。

正解　4）

3－21　温室効果ガス削減のソリューション

《問》温室効果ガス削減に関する次の記述のうち、最も適切なものはどれか。

1）2021年度の日本の温室効果ガス（GHG）排出量のうち、全体の約84％を占めるエネルギー起源CO_2（燃料の燃焼で発生・排出されるCO_2）排出量は、過去10年間において増加傾向にあり、他の由来のガス排出量は減少傾向にあるため、今後はエネルギー起源CO_2の排出量に特化して削減策に取り組むことが望ましい。

2）金融業においては、サプライチェーン排出量の構成要素のうち、Scope3のカテゴリ11「販売した製品の使用に伴う排出量」がScope1および、Scope2よりも大きい傾向にある。

3）サプライチェーン排出量に関する国際的な基準を定めている「GHGプロトコル」は、財務会計報告と同様に、事業者のGHG排出量に関して「一般に認められた排出量算定及び報告の実践」として定義されている。

4）「GHGプロトコル」のサプライチェーン排出量に関する基準は、Scope1、Scope2、Scope3から構成されており、Scope3はさらに15カテゴリに分類され、主要取引先からみて自社の排出量がどのカテゴリに属するのか把握しておくことが望ましい。

・解説と解答・

1）不適切である。エネルギー起源CO_2（燃料の燃焼で発生・排出されるCO_2）排出量は過去10年間において減少傾向にあるが、冷媒等に利用されるHFCs（ハイドロフルオロカーボン類）が増加している。

2）不適切である。金融業のサプライチェーン排出量の構成要素は、Scope3のカテゴリ15（投資）の占める割合が大きい。金融機関の投融資先からのGHG排出量は、金融機関のScope3の排出になる。

　　なお、サプライチェーンとは、原料調達・製造・物流・販売・廃棄等、一連の流れ全体をいい、そこから発生する排出量をサプライチェーン排出量という。サプライチェーン排出量はScope1（事業者自らによる温室効果ガスの直接排出（燃料の燃焼、工業プロセス））、Scope2（他者から供給された電気、熱・蒸気の使用に伴う間接排出）、Scope3（Scope1、

Scope2以外の間接排出：事業者の活動に関連する他者の排出）から構成され、Scope3はさらに15カテゴリに分かれている。

3）不適切である。GHG プロトコルは過去 3 年にわたって様々な利害関係者間で発生した問題や、10ヵ国30事業者以上による初期草案のロードテストでの討議によって出された課題等に基づいて作成されている。将来的には、一般に認められた排出量算定および報告の実践へ向けて改訂されると考えられている。

4）適切である。

正解　4）

■ Scope3の15のカテゴリ

カテゴリ	項　　目	該当する排出活動（例）
1	購入した製品・サービス	原材料の調達、パッケージの外部委託、消耗品の調達
2	資本財	生産設備の増設（複数年にわたり建設・製造されている場合には、建設・製造が終了した最終年に計上）
3	Scope1、2 に含まれない燃料およびエネルギー活動	調達している燃料の上流工程（採掘、精製等） 調達している電力の上流工程（発電に使用する燃料の採掘、精製等）
4	輸送、配送（上流）	調達物流、横持物流、出荷物流（自社が荷主）
5	事業から出る廃棄物	廃棄物（有価のものは除く）の自社以外での輸送、処理
6	出張	従業員の出張
7	雇用者の通勤	従業員の通勤
8	リース資産（上流）	自社が賃借しているリース資産の稼働 （算定・報告・公表制度では、Scope1、2 に計上するため、該当なしのケースが大半）
9	輸送、配送（下流）	出荷輸送（自社が荷主の輸送以降）、倉庫での保管、小売店での販売
10	販売した製品の製品	事業者による中間製品の加工
11	販売した製品の使用	使用者による製品の使用
12	販売した製品の廃棄	使用者による製品の廃棄時の輸送、処理

13	リース資産（下流）	自社が賃貸事業者として所有し、他社に賃貸しているリースの稼働
14	フランチャイズ	自社が主宰するフランチャイズの加盟者の Scope1、2 に該当する活動
15	投資	株式投資、債権投資、プロジェクトファイナンスなどの運用

出典：環境省 HP「サプライチェーン排出量算定について」

コラム

GHG 排出量を算定する

　企業活動による GHG（温室効果ガス）排出量の算定について、一般的な手法を解説する。

①排出量算定の基礎知識

　GHG を排出する企業活動を特定し、活動ごとに GHG 排出量を算定する。まず GHG 排出量が多いと推測される企業活動から算定に着手することで、企業全体のおおよその総排出量の把握が可能となる。

　GHG 排出量は、「活動量」と「排出係数」との積で求められる（図表１）。企業活動に伴う生産量や消費量などの「活動量」に、それぞれの活動量あたりの GHG 排出量である「排出係数」を乗じて排出量を推計する。

　GHG には CO_2 のほかに、特定の活動から排出されるメタン（CH_4）なども含まれる。企業が GHG 排出量を開示する際には、気体ごとの温室効果を CO_2 に揃えた「t-CO_2（「トン CO_2」と読む：CO_2 に換算した重量)」という単位によって開示される。

図表１：GHG 排出量の算定式

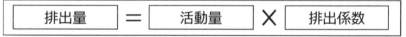

出典：環境省「温室効果ガス排出量 算定・報告・公表制度」をもとに作成

　GHG 排出量には、自社から排出される「直接排出」のほかに、サプライチェーン上で、他社から排出される「間接排出」に分類できる。グローバルで GHG の算定・報告基準となる GHG プロトコルでは、直接排出は「Scope1」、間接排出のうち他社から供給された電気・熱・蒸気の使用に伴う排出量は「Scope2」、それ以外のサプライチェーン上流や下流における排出量は「Scope 3」と定義される（図表２）。

　GHG 排出量は、まず Scope1、2 から着手し、Scope3 へと算定範囲を広げて、サプライチェーン全体の排出量を把握していくことになる。

図表2：サプライチェーンにおけるGHG排出量の考え方

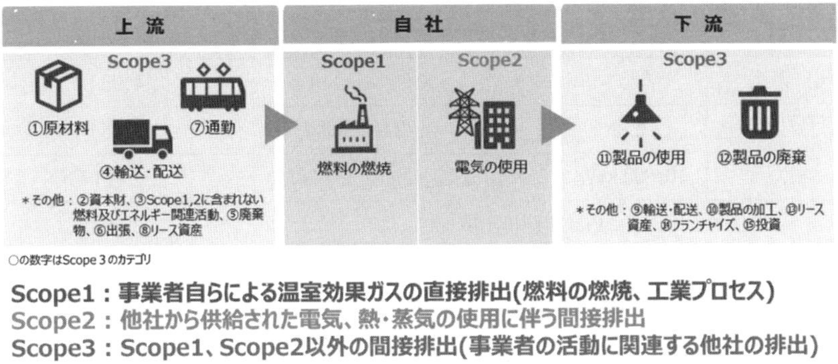

○の数字はScope 3のカテゴリ

Scope1：事業者自らによる温室効果ガスの直接排出(燃料の燃焼、工業プロセス)
Scope2：他社から供給された電気、熱・蒸気の使用に伴う間接排出
Scope3：Scope1、Scope2以外の間接排出(事業者の活動に関連する他社の排出)
出典：環境省「サプライチェーン排出量　概要資料」より抜粋

②算定の事例

　GHG排出量の算定プロセスについて、製造業A社を例に解説する（図表3）。

　まず、A社の企業活動のうちGHG排出量が多い活動を特定する。A社では、自社工場での熱処理加工にLPガスを、製造設備の稼働に電力を、営業車にガソリンをそれぞれ燃料として使用していることが特定された。

　次に、企業活動ごとの排出量を算定する。活動量については、企業が保持している領収証や実績データをもとに集計を行うことになる。LPガスとガソリンについては購入時のレシートを、電力については電力会社が発行した検針票をもとに、これらの実績値から活動量を算定する。

　排出係数については、外部データベースを参照し、LPガスとガソリンは「算定・報告・公表制度における算定排出方法・排出係数一覧」、電力は「電力事業者別排出係数一覧」から係数を特定する。

　これらの活動量と排出係数の値から、活動ごとのGHG排出量を合算した値が、A社のGHG総排出量となる。なお、A社のGHG排出量をScope別に分類すると、LPガスとガソリン使用は自社からの排出分となるのでScope1に、電力会社から調達した電力消費による排出分はScope2に相当する。

140

図表 3：製造業 A 社の GHG 総排出量の算定

燃料	活動量		排出係数		排出量
LP ガス	0.5 t	×	2.99 t-CO$_2$/t	=	14.95 t-CO$_2$
ガソリン	5 kl	×	2.29 t-CO$_2$/kl	=	11.45 t-CO$_2$
電力	10,000 kWh	×	0.000429 t-CO2/kWh	=	4.29 t-CO$_2$
GHG 総排出量					30.69 t-CO$_2$

出典：排出係数のうち、LP ガス・ガソリンは環境省「算定・報告・公表制度における算定方法・排出係数一覧（2023年12月12日更新、2024年1月16日一部修正）」、電力は環境省「電力事業者別排出係数一覧（2024年度用）」の代替値

3 −22　金融機関による GHG 多排出企業向け支援

《問》金融機関による GHG 多排出企業への投融資に関する次の記述のう
ち、最も不適切なものはどれか。
1) ファイナンスド・エミッションについては、国際的なイニシアティ
ブにおいてネットゼロに向けた投融資を積極的に評価する仕組みが
検討されている。
2) 金融機関は、GHG 多排出企業に対して、環境に配慮した融資やグ
リーンアセットに関する M&A アドバイザリーによって、クリー
ンエネルギーへの投融資が増え、社会全体でエネルギー効率を促進
する効果が期待される。
3) 金融機関は、投融資先が GHG 排出量削減の目標を設定したうえ
で、その達成に向けた支援を行うことは、結果的に金融機関の
Scope3となる GHG 排出量が削減されることになる。
4) 金融機関が投融資の判断を行う際には、投融資先における GHG 排
出量削減に向けた計画等ではなく、実際の GHG 排出削減の実績を
もとに評価することが望ましい。

・解説と解答・

1) 適切である。
2) 適切である。
3) 適切である。
4) 不適切である。金融機関は、GHG 多排出企業の評価について、過去の削
減実績に限らず、今後の削減計画や計画に対するガバナンス体制なども含
め、総合的に評価したうえで、投融資の判断を行う実務が生まれつつあ
る。

正解　4)

3－23　金融機関におけるマテリアリティ特定①

《問》A銀行は、持続可能な環境・社会の実現に向けて自行の取り組むべきマテリアリティ特定を行った。A銀行のマテリアリティ特定に関する次の記述のうち、最も不適切なものはどれか。

1）GRI スタンダードなどの国際的ガイドラインにおける要請項目を踏まえ、自社に対する社会的期待、ESG 評価機関による評価項目なども参照し、課題を抽出した。

2）経済、環境、社会に与える影響の大きさと、ステークホルダーの評価や意思決定に与える影響の大きさを考慮し、優先課題の順位付けを行った。

3）サステナビリティ委員会などにおいて、社外取締役や外部有識者も含めて議論を行い、マテリアリティの妥当性を検証した。

4）策定したマテリアリティは、経営に関する重要情報であるため、経営陣と従業員において共有する。

・解説と解答・

1）適切である。マテリアリティの特定は、外部要因（基準や指標等）をベースにロングリスト（候補一覧）を作成し、事後的に自社の取組みとの整合性を図ったうえで実施するプロセスを経ることが多い。

2）適切である。各企業において、個々の課題、事象等が自らの企業価値や業績等に与えるマテリアリティに応じて、各課題、事象等についての説明の順序、濃淡等を判断することが求められる。

3）適切である。社外取締役や外部有識者からの意見を参考にするのが有益である。

4）不適切である。マテリアリティに関する情報は、図表などステークホルダーにとって理解しやすい形で、また自社ホームページに掲載するなど入手しやすい形で開示することが期待されている。

正解　4）

3−24　金融機関におけるマテリアリティ特定②

《問》下記の枠線内は、A銀行内におけるマテリアリティ特定のプロセス
を示したものである。下線①〜④に関する次の記述のうち、最も不
適切なものはどれか。

> **STEP1　環境・社会課題の洗い出し**
> 　①持続可能な環境・社会の実現に向けて、ステークホルダーの意
> 見、②各種ガイドライン等の要請事項などから国内外の環境・社会
> 課題を整理し、課題の洗い出しを行った。
> **STEP2　スクリーニング**
> 　自社の経営理念を起点にサステナビリティ専門部署が1次スクリ
> ーニングを実施し、類似・重複する項目を整理して課題の絞り込み
> を行った。
> **STEP3　抽出**
> 　業務を通じて取り組んでいる、または今後取り組みたい課題につ
> いて従業員アンケート・ヒアリングを実施し、課題を抽出した。
> **STEP4　審議・特定**
> 　社外役員や外部有識者からの意見も参考にし、世の中からの期待
> と自社事業領域との親和性の両面から経営レベルで議論し、③気候
> 変動対応・環境保全や、④ダイバーシティ・エクイティ＆インクル
> ージョンなど、優先的に取り組むマテリアリティを特定した。

1）下線部①：持続可能な環境・社会の実現に向けた目標であるSDGs
　　では、貧困・飢餓の撲滅、気候変動への対応、生態系の保全、ジェ
　　ンダー平等、国際的なパートナーシップなど、幅広い課題に対する
　　目標が掲げられている。
2）下線部②：マテリアリティの開示には、企業活動が環境・社会に与
　　える影響も含めた双方向の考え方を「シングルマテリアリティ」、
　　環境・社会問題が企業活動・業績に与える影響のみを重視する考え
　　方を「ダブルマテリアリティ」とする2つがある。
3）下線部③：気候変動に関する政府間パネル（IPCC）の第5次評価
　　報告書によると、19世紀半ば以降の海面水位の上昇率は、それ以前
　　の2000年間の平均的な上昇率より大きく、また、1901〜2010年の期

間に世界の平均海面水位は19cm 上昇しているとされている。
4）下線部④：ダイバーシティとは「多様性」のことであり、ESG の
　文脈では特に企業における人材、マネジメント層の多様性を指す。

解説と解答

1）適切である。
2）不適切である。マテリアリティとは、様々なサスティナビリティに関する
課題のなかで自社が優先して取り組むべき重要課題のことである。「シン
グルマテリアリティ」は、環境・社会問題が企業活動・業績に与える影響
のみを重視する考え方であり、「ダブルマテリアリティ」は、企業活動が
環境・社会に与える影響も含めた双方向の考え方である。
3）適切である。
4）適切である。ダイバーシティ・エクイティ＆インクルージョンとは、多様
性を受け入れ、企業の活力とする考え方である。企業の組織活性化、イノ
ベーションの促進、競争力の向上に向けて、女性、若者や高齢者、
LGBT、外国人、障がい者等、あらゆる人材を組織に迎え入れる「ダイバ
ーシティ」が求められる。そのうえで、あらゆる人材がその能力を最大限
発揮でき、やりがいを感じられるようにする包摂（インクルージョン）が
求められる。また、ダイバーシティ＆インクルージョンの実現は、全ての
従業員が自己実現に向けて精力的に働くことのできる環境を生み、従業員
一人ひとりの QOL の向上にもつながっていくとされている。

正解　2）

第 4 章

実践事例問題

4－1　SDGs 対応のニーズを喚起させる対話

《問》金融機関 X の職員 A は、取引先企業 Y 社の経営者 B から、SDGs への取組みに関して相談を受けている。下記の A と B の会話における A の回答として、下線部①～④のうち最も不適切なものはどれか。

> B：これから SDGs に取り組む場合、まずはどのように取り組めばよいのでしょうか。
>
> A：①はじめに、自社の事業活動と SDGs の目標との関連性（環境・社会に対してポジティブ・ネガティブな影響を与える可能性のある活動は何か、その活動が SDGs のどの目標とひも付けられるか等）について検討します。その後、各目標に対する具体的な取組方法を検討します。
>
> B：具体的な取組みを検討するにあたり、数値目標の設定は必要でしょうか。
>
> A：②定性的な目標だけでなく、定量的な目標を設定することが望ましいといわれています。
>
> B：中小企業でも、SDGs の17の目標すべてに貢献しなければならないのでしょうか。
>
> A：③中小企業においても、すべての SDGs 目標に貢献しなければなりません。
>
> B：SDGs に取り組むことで社会に貢献ができることは分かりましたが、わが社にはどういったメリットがあるのでしょうか。
>
> A：④ SDGs の取組みを対外的に発信することによる企業のイメージアップを通じた人材の確保や、自治体によって内容は異なりますが SDGs 認定制度などを活用することによる融資制度の利用、各種入札への加点など、御社の中長期的な企業価値の向上につながります。

1）下線部①
2）下線部②
3）下線部③
4）下線部④

・解説と解答・

1）適切である。本業である製品・サービスの提供を通じた貢献は、成果（社会的インパクト）がより大きくなることが期待できる。自社の製品・サービスを提供することで、どのくらい環境・社会に貢献するか、社会的インパクトの大きさを測定し、評価結果をもとに継続的に改善していくことも必要である。

2）適切である。数値目標を設定し、成果を「見える化」する（定量的に評価する）ことで、取組みの進捗状況が第三者にも伝わりやすくなる。

3）不適切である。企業がSDGs経営を実践するにあたり、SDGsの17の目標（ゴール）、169の達成基準（ターゲット）すべてに焦点を当てることを求めているわけではない。自社が取り組むべき重要課題（マテリアリティ）を特定し、関連の深い目標を見定め、自社の経営資源を重点的に投入することにより、結果として、自社の本業に即したSDGsへの貢献が求められている。

4）適切である。

正解　3）

4－2　移行リスクの理解

《問》企業Ｙ社（機械製造業・中堅企業）は、脱炭素社会を迎えるにあたって、今後の事業展開とそれに伴うリスクについて検討をしている。Ｙ社の事業に関連する次の記述のうち、気候関連財務情報開示タスクフォース（TCFD）提言の「移行リスク」にあたらないものはどれか。

1）炭素税や排出量取引制度等の導入に伴う操業コストの増加
2）台風や洪水などの異常気象の激甚化がもたらす工場等の浸水被害への対応コストの増加
3）CCS（CO_2回収・貯留）や蓄電池といった低炭素関連の新技術開発に必要な投資コストの増加
4）CO_2多排出型の製品・サービスに対する顧客需要の低下による売上の減少

・解説と解答・

1）あたる。炭素税や排出量取引制度等の導入に伴う操業コスト増加は、移行リスクのうち「政策及び法規制リスク」といえる。
2）あたらない。異常気象の激甚化がもたらす対応コストの増加は、物理的リスクである。
3）あたる。脱炭素関連の新技術開発に必要な投資コストの増加は、移行リスクのうち「技術リスク」にあてはまる。
4）あたる。脱炭素社会における需要の低下による販売減少や市場競争力の低下による売上減少は、移行リスクのうち「市場リスク」である。製造業を中心とした企業が脱炭素社会に移行する際に最も重要な移行リスクの1つといえる。

正解　2）

4－3　ESG投資に関する対話

《問》金融機関Ｘの職員Ａは、取引先企業Ｙ社の経営者Ｂから、ESG投資による資金調達に関する相談を受けている。以下の会話におけるＡの回答として、下線部①～④のうち最も不適切なものはどれか。

B：ESG投資とはどのようなものでしょうか。

A：①企業の財務情報だけでなくEnvironment（環境）・Social（社会）・Governance（企業統治）といった非財務情報を考慮して運用する投資手法で、その由来は2006年に国連が提唱した「国連責任投資原則（PRI）」といわれています。

B：資金調達の際、ESG投資を意識することは、我が社にとってどのような意義があるのでしょうか。

A：②「国連責任投資原則」（PRI）に署名した年金積立金管理運用独立行政法人（GPIF）等の機関投資家は、環境や社会課題の解決による企業価値の向上や、成長性という長期視点で企業を判断します。そのため、世界の資本市場に評価されるためには、積極的に財務以外の情報も開示し、持続可能な経営モデルを実践する姿勢が求められます。

B：投資家や金融機関はどのような手法で投融資を行うのでしょうか。

A：③従来、ESG投資はポジティブ・スクリーニングが主流でしたが、近年は、非財務情報を統合的に分析する手法やネガティブ・スクリーニングの手法を用いた投資が増えています。

B：具体的にはどのようなものがあるのでしょうか。

A：④例えば、サステナビリティ・リンク・ローンは、ローンの借手がサステナビリティ・パフォーマンス・ターゲット（SPTs）を設定し、融資条件はその改善度合いと連動します。調達資金の融資対象が特定のプロジェクトに限定されるものではないため、資金使途を限定したくない場合に有効な手法です。

1）下線部①
2）下線部②
3）下線部③

4）下線部④

・解説と解答・

1）適切である。
2）適切である。
3）不適切である。GSIA（Global Sustainable Investment Alliance）によると、近年のESG投資はネガティブ・スクリーニングの手法よりも、ESGインテグレーションが投資手法として主流になっている。
4）適切である。サステナビリティ・リンク・ローンは、グリーンローンと異なり、調達資金の融資対象が特定のプロジェクトに限定されず、一般事業目的に使用される。種類としては、さまざまなローン商品または債券枠（Bonding Lines）・保証枠（Guarantee Lines）・信用状等のさまざまなファシリティがある。

<u>正解　3）</u>

4 － 4　　企業活動と SDGs 目標をリンクさせる対話

《問》金融機関 X の職員 A は、取引先企業であるバス会社 Y 社の経営者 B
　　　から、SDGs の目標を踏まえた Y 社の取組みについて相談を受け
　　　ている。以下の文中の空欄①～④に入る語句の組合せとして、次の
　　　うち最も適切なものはどれか。

　　B：SDGs には17の目標と169のターゲットがあると伺いましたが、
　　　　当社が SDGs に取り組む場合、何に取り組めばいいのでしょう
　　　　か。
　　A：環境省が公表した「すべての企業が持続的に発展するために
　　　　「持続可能な開発目標（SDGs）活用ガイド（第 2 版）」」では、自
　　　　社の経営理念を再確認し、SDGs への取組みと会社の価値観の整
　　　　合性をとってから、PDCA サイクルに基づいて SDGs に取り組
　　　　むことを推奨しています。
　　B：当社は「地域の豊かな暮らしと移動を支え、社会に価値ある時
　　　　間や空間を提供します」を経営理念に掲げています。
　　A：それは SDGs の17の目標のうち（　①　）に当てはまりそうで
　　　　す。長期的な目線ではどのようなことを実現していきたいのでし
　　　　ょうか。
　　B：当社の営業地域では、高齢者や子育て世代が多く、もっと気軽
　　　　に移動する手段があればという声をよく聞きます。自動運転とい
　　　　った次世代モビリティの活用や交通空白地へのデマンドバス（利
　　　　用者の事前予約に応じる形で、運行経路や運行スケジュールをそ
　　　　れに合わせて運行するバス）の導入によって、住民の移動をサポ
　　　　ートし、地域価値を向上させることで、「この街に住んでよかっ
　　　　た」と多くの人に思ってもらいたいのです。
　　A：それは目標の（　②　）に当てはまりそうです。
　　B：当社は社内研修や休暇制度の拡充等、福利厚生にも積極的に取
　　　　り組んでいたり、EV 車両の導入やオフィスへの太陽光パネル設
　　　　置等を行ったりもしているのですが、これらは SDGs の目標に該
　　　　当するでしょうか。
　　A：（　③　）（　④　）に該当しそうです。

```
1 ）①：目標 9  ②：目標 3  ③：目標 7  ④：目標 8
2 ）①：目標11  ②：目標 9  ③：目標 3  ④：目標13
3 ）①：目標 9  ②：目標11  ③：目標 4  ④：目標13
4 ）①：目標 3  ②：目標 9  ③：目標 4  ④：目標11
```

目標 1 ：貧困をなくそう	目標10：人や国の不平等をなくそう
目標 2 ：飢餓をゼロに	目標11：住み続けられるまちづくりを
目標 3 ：すべての人に健康と福祉を	目標12：つくる責任　つかう責任
目標 4 ：質の高い教育をみんなに	目標13：気候変動に具体的な対策を
目標 5 ：ジェンダー平等を実現しよう	目標14：海の豊かさを守ろう
目標 6 ：安全な水とトイレを世界中に	目標15：陸の豊かさも守ろう
目標 7 ：エネルギーをみんなに　そしてクリーンに	目標16：平和と公正をすべての人に
目標 8 ：働きがいも経済成長も	目標17：パートナーシップで目標を達成しよう
目標 9 ：産業と技術革新の基盤をつくろう	

・ 解説と解答 ・

① 　目標11：住み続けられるまちづくりを
② 　目標 9 ：産業と技術革新の基盤をつくろう
③ 　目標 3 ：すべての人に健康と福祉を
④ 　目標13：気候変動に具体的な対策を
したがって、 2 ）が適切である。

正解　2 ）

4－5　マテリアリティ特定にむけたアドバイス

《問》金融機関Ｘの職員Ａは、取引先企業Ｙ社（食品製造業・中小企業）
　　　の経営者Ｂから、取引先企業に対するＹ社の企業イメージ向上のた
　　　め、Ｙ社におけるサステナビリティへの取組みを強化し、ホームペ
　　　ージで情報開示を行いたいと相談を受けた。Ｙ社は現在、社内プロ
　　　ジェクトチームを立ち上げ、これからマテリアリティ（重要性）の
　　　特定や具体的な活動計画の検討を行う段階である。ＡのＹ社へのア
　　　ドバイスの内容として、次のうち最も不適切なものはどれか。
1）マテリアリティを特定する準備として、Ｙ社がどのような経営理念
　　を持ち、どのような事業活動を行っているか、ステークホルダーと
　　の関係性を改めて整理するよう勧める。
2）社内でサステナビリティに取り組む担当者を決め、SDGs Compass
　　等の取組みステップに沿って、重要性かつ緊急性の高い取組みや、
　　比較的すぐに始められる取組みから行動を起こすように勧める。
3）マテリアリティの特定は、作業負担や外部環境の分析、意思決定な
　　どに時間と労力がかかるため、一度定めたマテリアリティの見直し
　　は不要であると説明する。
4）Ｙ社の従業員に対し、SDGs への取組みが、自社の生存戦略になり
　　うることや、自社の新たな事業機会の創出に繋がる可能性があると
　　いったメリットを周知し、取組みの意義を理解させるよう勧める。

・解説と解答・

1）適切である。SDGs の取組手順のなかで、企業の経営理念、事業活動の内
　　容を踏まえて、それらがもたらす環境や地域社会への効果・影響を整理
　　し、SDGs のどの目標（ゴール）・ターゲットに貢献するのかを整理する。
2）適切である。中小企業であれば、「とりあえず担当者を決めて、何かやっ
　　てみる」ことから始めると、いろいろな気付きにつながる。そのうえで、
　　社内活動から地域へと、より社会にインパクトのあるものへと深めていく
　　ことも１つの方法である。
3）不適切である。マテリアリティの特定は、環境や組織の状況が変化するた
　　め、定期的な見直しと更新が必要である。組織は、新たなリスクや機会を
　　評価し、マテリアリティを最新の状況に合わせて調整していくことがのぞ

ましい。

4）適切である。SDGs への取組みをきっかけに、地域との連携、新しい取引
先や事業パートナーの獲得、新たな事業の創出など、今までになかったイ
ノベーションやパートナーシップを生む可能性がある。

<u>正解　3）</u>

4 - 6 KPI 設定の考え方

《問》金融機関Xの職員Aは、取引先企業Y社の経営者Bからマテリアリ
ティ特定をした次の段階として、KPI の設定方法について相談を
受けた。経営者Bに対するAのアドバイスとして、次のうち最も適
切なものはどれか。
1) 目標設定に関する過去のデータや同業他社の達成度などの指標およ
び目標などを基準とする内部中心的なアプローチを採用して KPI
を設定すべきである。
2) KPI を設定する際には、サステナビリティのすべての指標を網羅
的・多面的に盛り込むように設定すべきである。
3) KPI を選択する際には、事業活動の影響または結果に直接対応す
る KPI を選択する必要がある。
4) 設定した KPI については、Y社内部における目標として活用する
だけではなく、積極的に公表し、取引先の意欲向上や外部のステー
クホルダーとの建設的な対話に活用することが望ましい。

・解説と解答・

1) 不適切である。本肢は、インサイド・アウト・アプローチと呼ばれる手法
である。一般的に KPI の設定にあたっては、マクロ的な視点から何が必
要とされているかを検討し、それに基づいて目標を設定し、現状の達成度
と求められる達成度のギャップを埋めていくアウトサイド・イン・アプロ
ーチと呼ばれる方法が有効である。また、パーパスや経営戦略に基づき、
バックキャストした目標を中期経営計画に統合することが重要になる。
2) 不適切である。KPI は、チェックリスト方式ですべてに対応しなければ
ならないわけではなく、自社のビジネスの内容や特性に照らして絞り込み
を行い、ポジティブ、ネガティブともにインパクトが大きいところを優先
的に指標として選ぶことが重要である。
3) 不適切である。KPI の選択が困難な場合は、投資する資本等の資源、あ
るいは実施しようとする施策を対象とする指標等、影響の代替指標とみな
すことができる KPI を選択・設定する。
4) 適切である。KPI を設定した際、自社の状況に応じて、KPI の一部また
はすべてを公表し、コミットメントを表明する。このことは、従業員のモ

チベーションの向上や、外部ステークホルダーとの建設的な対話につなが
る。

正解　4）

4－7　脱炭素対応のニーズを喚起させる対話

《問》金融機関Ｘの職員Ａは、取引先企業Ｙ社の経営者ＢからＣＯ₂排出量削減に向けた取組みについて相談を受けている。下記のＡとＢの会話の空欄①〜②に入る語句の組合せとして、次のうち最も適切なものはどれか。

> Ｂ：CO_2の排出量削減に取り組むことで、我が社の事業にどのような効果が得られるのでしょうか。
>
> Ａ：まず、顧客に対して御社が持続可能な調達元（サプライヤー）であると示すことができます。顧客が上場会社の場合、（　①　）に基づき、サステナビリティ情報の「ガバナンス」および「リスク管理」についてはすべての企業が開示し、「戦略」および「指標及び目標」については各企業が重要性を判断して開示することが義務化されています。御社がCO_2排出量削減に取り組むことで、サプライチェーンとなる企業の取組みとして顧客の期待に応えることになり、御社のビジネス展開におけるリスクの低減・機会の獲得にもつながります。
>
> Ｂ：我が社の調達先にはどのように協力を依頼すべきでしょうか。
>
> Ａ：御社の調達先がCO_2削減に取り組まない場合、企業評価の低下や、排出規制によるコスト増といったサプライチェーンのリスクになる可能性があります。昨今、自社のサプライチェーンを含めたCO_2排出量削減目標について、パリ協定との整合性を求める（　②　）の認定を受ける企業が増えています。例えば、御社が設定したCO_2排出量削減目標を、御社の調達先に対して要請することで、サプライチェーン全体のリスク低減につなげることができます。

1）①企業内容等の開示に関する内閣府令　　②ISO14001
2）①企業内容等の開示に関する内閣府令　　②SBT
3）①TCFD 提言　　　　　　　　　　　　②SBT
4）①TCFD 提言　　　　　　　　　　　　②ISO14001

158

● 解説と解答 ●

■サステナビリティ情報の開示

　TCFD 提言は、G20の要請を受け、金融安定理事会（FSB)により、気候関連の情報開示および金融機関の対応をどのように行うかを検討する民間主導のタスクフォースである。TCFD 提言は、企業等に対し、気候変動関連リスク、および機会が企業財務にどのような影響を与えるかを把握・開示することを求めている。

　企業内容等の開示に関する内閣府令等の改正により、2023年3月期から有価証券報告書等において、「サステナビリティに関する考え方及び取組」の記載欄を新設し、サステナビリティ情報の開示が義務化された。有価証券報告書におけるサステナビリティ情報の「記載欄」について、「ガバナンス」および「リスク管理」については全ての企業が開示し、「戦略」および「指標及び目標」については各企業が重要性を判断して開示することとなった。なお、有価証券報告書等の「従業員の状況」の記載において、女性活躍推進法に基づく女性管理職比率・男性の育児休業取得率・男女間賃金格差といった多様性の指標に関する開示も求められている。

■目標設定・ISO 規格

　SBT（Science Based Targets）は、パリ協定（世界の気温上昇を産業革命前より2℃を十分に下回る水準に抑え、また1.5℃に抑えることを目指すもの）が求める水準と整合した、5 〜15年先を目標年として企業が設定する、温室効果ガス排出削減目標のことである。SBT 認定は、自社の事業活動による直接排出（Scope1、2）だけではなく、サプライチェーンの上流・下流における間接排出（Scope3）についても目標設定する必要がある。なお、中小企業向け SBT は、目標設定の対象が直接排出（Scope1、2）に限定されるなど、SBT と比べて要件が緩く、費用も抑えられている。

　なお、ISO14001とは、国際標準化機構（ISO）が策定した「環境マネジメントシステム」に関する認証規格である。同規格は、「環境パフォーマンスの向上」、「順守義務を満たすこと」、「環境目標の達成」の3点を実現するための環境マネジメントシステムの要求事項を定めている。

正解　2）

4−8　排出量算定のアドバイス①

《問》金融機関Ｘの職員Ａと職員Ｂは、企業における温室効果ガスの排出量算定の意義や方法について会話している。下記のＡとＢの会話において、下線部①〜④のうち最も不適切なものはどれか。

> Ａ：企業にとって、温室効果ガスの排出量算定に取り組む意義は何でしょうか？
>
> Ｂ：パリ協定の採択以降、気候変動問題への取組みが世界的に加速しているんだ。①上場企業に対して、有価証券報告書においてもサステナビリティに関する記載欄が新設され、サステナビリティに関する情報開示が義務化されたよ。企業によっては、温室効果ガス排出量の開示なども必要となるわけだ。
>
> Ａ：開示義務は上場会社に限定されているから、中小企業は温室効果ガスの排出量算定に取り組む必要はないよね。
>
> Ｂ：いや、そういうわけにもいかないね。②上場会社は、自社の排出量である Scope3 だけでなく、自社以外のサプライチェーンの排出量である Scope1、Scope2 を含めた温室効果ガス排出量も段階的に開示するよう推奨されている。③自治体における SDGs 未来都市、SDGs 企業認証や脱炭素の動きなど、脱炭素やサステナビリティへの取組みが地域企業としての PR、信頼獲得にもつながることもメリットになるよ。
>
> Ａ：取引先には、どんなふうに説明をしたらいいと思う？
>
> Ｂ：まずは、④エネルギー価格高騰を背景に脱炭素化の取組みは低コスト化にもつながるという目に見えるメリットの説明からはじめるよ。その前提として、人間でいうダイエットと同じように現状を認識してもらうために、温室効果ガスの排出量の算定から提案するかな。

1）下線部①
2）下線部②
3）下線部③
4）下線部④

●解説と解答●

1）適切である。
2）不適切である。Scope1、Scope2は自社の排出量、Scope3は自社以外のサプライチェーンの排出量のことを指す。
3）適切である。
4）適切である。

正解　2）

4-9　排出量算定のアドバイス②

《問》金融機関Ｘの職員Ａは、取引先企業であるＹ社（自動車部品製造業・中小企業（未上場））の経営者Ｂから、温室効果ガス排出削減に向けた取組みを検討したいと相談を受けた。Ｂは世の中全体の温室効果ガス削減への取組みや、有価証券報告書へのサステナビリティ情報開示に大手企業が着手し始めたことを踏まえ、まずは自社でも温室効果ガス排出量算定を検討している。現在、Ｙ社にはサステナビリティ分野の取組みに関する専門部署はなく、知識・経験のない経理部長が対応している状況である。Ｂに対するＡの対応として、次のうち最も不適切なものはどれか。

1）温室効果ガス排出量算定には一定の専門知識が必要であるため、温室効果ガス排出量算定に係るサービス事業者を紹介する。

2）企業が何か新しいことに取り組む際に新しい部署や担当者を設置し取組みを加速させることは定石でもあるため、脱炭素やサステナビリティ分野における専門部署を設置することを促す。

3）社内外に温室効果ガス排出量算定を始めとする環境活動に取り組む姿勢を示すことで、温室効果ガス排出量削減に向けた活動意識を社内で共有することを検討してもらう。

4）温室効果ガス排出量の計測において、Scope3の計測は上場会社に限定されることから、Ｙ社にはScope1排出量に限定して算定を検討してもらう。

・解説と解答・

1）適切である。

2）適切である。

3）適切である。

4）不適切である。温室効果ガス排出量の算定をScope1（自社における燃料資料や工業プロセスによる直接排出量）に限定することは、算定初期段階としての試みはよいが、中小企業というだけでScope1に限定することは、必ずしも正しくない。なお、日本では、温対法（地球温暖化対策の推進に関する法律）に基づく算定・報告・公表制度によって、制度対象となる事業者（以下、「特定排出者」という）は、毎年、対象となっている排出活

動に伴う排出量を算定し、国へ報告している（Scope1、Scope2の概念に類似）。特定排出者が算定すべき排出量の範囲は、自社の活動による排出に加え、荷主に係る間接的な排出等も含まれており、現行の算定・報告・公表制度においても、一部、自社の排出量以外の排出量の報告が行われている。

　また、環境省は、中長期排出削減目標等設定マニュアルを策定しており、そのなかで中小企業向け SBT の要件として削減対象範囲を Scope1 排出量、Scope2 排出量としている。

正解　4）

4 −10　排出量算定のアドバイス③

《問》原材料調達・製造・物流・販売・廃棄といった一連の企業活動全体から発生する温室効果ガス排出量は、「サプライチェーン排出量」と呼ばれる。サプライチェーン排出量は、Scope1、Scope2、Scope3 から構成されるが、次の記述のうち、Scope3 に該当するものはいくつあるか。

①自社工場のボイラーで使用する重油の燃焼に伴う CO_2 排出量
②自社内の使用電力に伴う CO_2 排出量
③自社製品を自社所有の車両で配送する際のガソリン消費に伴う CO_2 排出量
④自社製品を顧客が使用する際に生じる CO_2 排出量

1）1つ
2）2つ
3）3つ
4）4つ

・解説と解答・

サプライチェーン排出量は、以下に分類される。

Scope1：自社およびグループ会社の工場や事務所での化石燃料の直接使用に伴う CO_2 排出量

Scope2：自社およびグループ会社の工場や事務所での電力・熱・蒸気の間接使用に伴う CO_2 排出量

Scope3：Scope1、Scope2 以外の間接排出（事業者の活動に関連する他社の排出）

設例では、①、③は Scope1、②は Scope2、④は Scope3 と分類される。したがって、正解は1つ。

なお、Scope3 排出量は上記④のほか、自社製品を他社に委託して配送する際に伴う CO_2 排出量などが含まれる。

正解　1）

■サプライチェーン排出量を算定するメリット

・サプライチェーン排出量の全体像（総排出量、排出源ごとの排出割合）を把握することで、優先的に削減すべき対象を特定できる。その特徴から長期的な環境負荷削減戦略や事業戦略策定のヒントを導き出すこともできる。

・サプライチェーン上の他の事業者と環境活動における連携が強化され、環境負荷低減施策の選択肢が増え、CO_2削減が進む。

・企業の情報開示の一環として、サプライチェーン排出量を統合報告書、WEB サイトなどに掲載することで、環境対応企業としての企業価値を明確にする。サプライチェーン排出量の把握・管理は、評価基準として国内外で注目を集めており、投資家等のステークホルダーへの社会的信頼性向上に繋がり、ビジネスチャンスの拡大（新規顧客開拓）が期待されている。

4−11　排出量算定のアドバイス④

《問》A電機（電機メーカー）が自社内の使用電力を20%削減した場合の
サプライチェーン排出量の削減割合として、次の数値のうち最も適
切なものはどれか。ただし、A電機は、自社使用向け発電は行って
おらず、熱・蒸気の利用もないものとする。

資料　A電機（電機メーカー）のサプライチェーン排出量
　　　　Scope別排出量

項目	CO_2排出量	割合
Scope1	120,000t‐CO_2	4%
Scope2	312,000t‐CO_2	10%
Scope3	2,770,000t‐CO_2	86%

1）約0.8%
2）約2%
3）約20%
4）約41.5%

解答・解説

Scope1：事業者自らによる温室効果ガスの直接排出（燃料の燃焼、工業プロ
　　　　セス）
Scope2：他社から供給された電気、熱・蒸気の使用に伴う間接排出
Scope3：Scope1、Scope2以外の間接排出（事業者の活動に関連する他社の排
　　　　出）
　「自社内の使用電力を20%削減」はScope2に該当し、自社使用向け発電も
ないことからScope2を10%から8%にした結果、サプライチェーン排出量を
2%削減する効果がある。

正解　2）

4－12　太陽光発電設備の検討

《問》太陽光発電の設備導入に関する次の記述のうち、最も不適切なもの
はどれか。

1 ）PPA（Power Purchase Agreement）とは、特定の需要家が特定の
発電事業者から直接電力を調達しようとする仕組みである。

2 ）太陽光発電の導入形態のうち、オンサイト PPA 方式は、需要家の
敷地に発電事業者が設備を設置して、当該需要家に電力を供給する
契約方式で、一般的に初期費用は基本的に不要であるというメリッ
トがある一方で、長期間にわたる契約期間が必要である点がデメリ
ットといえる。

3 ）太陽光発電の導入形態うち、自社で太陽光発電設備を所有して電力
を調達する購入方式のメリットは、余剰電力を売電できることのほ
かに、設備の維持管理を自社で行う必要がないことである。

4 ）太陽光発電の導入形態のうち、リース方式は、自社の敷地内にリー
ス事業者からリースした太陽光発電設備を導入し、リース事業者に
リース料金を支払うことで、そこから電力を調達する仕組みのこと
である。

・解説と解答・

1 ）適切である。

2 ）適切である。

3 ）不適切である。購入方式のメリットは、自家消費しなかった電力を売電
し、売電収入が得られるが、デメリットとしては、初期投資が大きく、設
備の維持管理を自社で行う必要があり、設備が資産計上されることなどが
ある。

4 ）適切である。

正解　3 ）

■太陽光発電設備の導入方法による比較

導入方法	メリット	デメリット
①オンサイト PPA 方式	●購入方式と異なり、 ・初期費用は基本的に不要である ・需要家には、維持管理の費用が発生しない ●リース方式と異なり、設備について資産計上が不要となる場合は、利益率に影響しない ●必要な措置を行えば、停電時でも電気が使用できる ●追加性があり、脱炭素化の訴求効果が期待できる	●購入方式と異なり、 ・長期間にわたる契約期間を締結する必要がある ・PPA 契約の内容次第では、建物移転ができない ・契約期間中の移転により違約金が発生することがある
②リース方式	●購入方式と異なり、 ・初期費用は基本的に不要である ・月々のリース料金を経費として計上できる ●余剰電力を売電できる場合がある ●必要な措置を行えば、停電時でも電気が使用できる ●追加性があり、脱炭素化の訴求効果が期待できる	●購入方式と異なり、 ・リース契約を長期間にわたり締結する必要がある ・契約期間中の移転により違約金が発生することがある ●PPA 方式と異なり、 ・リース資産として管理・計上する手間が生じる。また、資産が増えることにより利益率が下がる
③購入方式	●PPA 方式やリース方式と異なり、 ・サービス料等がかからないため収益性が高い ・設備の処分・交換等は自社でコントロール可能である ●余剰電力を売電できる場合がある ●必要な措置等を行えば、停電時でも電気が使用できる ●追加性があり、脱炭素化の訴求効果が期待できる	●PPA 方式やリース方式と異なり、 ・初期費用が必要である ・維持管理の手間と費用が発生する

出典：環境省 HP「太陽光発電の導入支援サイト」

4－13　投資家（ステークホルダー）との対話①

《問》X社のCSR担当部署に対して、投資家から「X社の下請会社Y社
　　の従業員の強制労働が問題になっているとニュースで見た。下請会
　　社の労働問題に対して、X社として対策をすべきである」という主
　　旨の要求書が届いたため、対応方法を検討した。X社の下請会社Y
　　社への対応として、次のうち最も不適切なものはどれか。
1）下請会社Y社に対して、従業員の労働環境等について報告を求め
　　る。
2）下請会社Y社に対して、定期的にモニタリングを行うことを伝え、
　　再度問題が確認された場合、Y社との契約継続が困難であることを
　　伝える。
3）下請会社Y社との取引が自社のレピュテーションリスクにつながる
　　と考え、契約を即時に解消する。
4）下請会社Y社に対して、強制労働についての実態と再発防止策の報
　　告を求める。

・解説と解答・

　昨今、企業のサステナビリティの取組みに対する機関投資家やNGOによる
要請は、当該企業の単体だけでなく、連結決算企業、さらにサプライチェーン
マネジメントにまで拡大している。本問のようにサプライチェーン全体におけ
る人権尊重も要請されており、経済産業省は「責任あるサプライチェーン等に
おける人権尊重のためのガイドライン」を策定している。
1）適切である。
2）適切である。
3）不適切である。他の対策を行う前に契約を解消した場合、下請会社Y社の
　　強制労働の問題が解消されない懸念があり、X社においても発注元責任を
　　果たしていないというレピュテーションリスクが残る可能性がある。
4）適切である。

<u>正解　3）</u>

4−14 投資家（ステークホルダー）との対話②

《問》電子部品の製造・輸出を行う上場会社 X 社は、株主総会で投資家からサステナビリティの取組みについて、情報開示（現時点で有価証券報告書およびコーポレート・ガバナンス報告書での開示のみ）が不足しているとの指摘を受けたため、経営陣は社内のサステナビリティ・オフィサーAに相談しながら、情報開示を進めようとしている。Aによるアドバイスとして、次のうち最も適切なものはどれか。

1）X 社の部品を搭載した製品の使用時における CO_2 削減効果を試算し、「CO_2 削減貢献量」を強調した開示することを勧める。

2）サステナビリティの取組みがどのように企業価値向上につながるかのストーリーを示した「統合報告書」の発行を勧める。

3）サステナビリティ情報の開示は任意だが、海外では義務化されつつあることを伝える。

4）X 社の事業活動に伴う CO_2 排出量やサプライチェーンの CO_2 排出量の算定結果を開示するにあたっては、第三者機関の検証までは不要であると伝える。

・解説と解答・

1）不適切である。「削減貢献量」については、一部産業で試算されているが、その計測手法や指標の定義が標準化されていないことが課題とされている。したがって、投資家が最も関心を寄せている脱炭素に関する「戦略・ガバナンス・目標・実績の開示」を行わず、削減貢献量を強調して開示することは逆に、「気候変動に対して真剣に考えていない」というネガティブな印象を与えたり、「グリーンウォッシュ」と指弾されるリスクがある。

2）適切である。さらに、国内外で投資家からの情報開示の要請が高まっていることを伝え、GRI Stanards や SASB Standards を参照してサステナビリティレポートの作成の検討も提案したい。

3）不適切である。企業内容等の開示に関する内閣府令等の改正により、2023年3月期から有価証券報告書等において、「サステナビリティに関する考え方及び取組」の記載欄が新設され、サステナビリティ情報の開示が義務化された。有価証券報告書におけるサステナビリティ情報の「記載欄」に

ついて、「ガバナンス」および「リスク管理」についてはすべての企業が開示し、「戦略」および「指標及び目標」については各企業が重要性を判断して開示することとなった。EUでは2021年4月に「企業サステナビリティ報告指令（CSRD）」が出され、原則、EUの規制市場におけるすべての上場企業に対してサステナビリティ情報の開示が義務付けられている。

4）不適切である。欧州CSRDの対象となる企業では、第三者の検証が必須である。

正解　2）

4 −15　取引先の委託先における不祥事とその発生原因・影響

《問》サプライチェーン（取引先）の委託先における不祥事とその発生原
因・影響に関する次の記述のうち、最も不適切なものはどれか。

1 ）外部委託先に付与したセキュリティ権限を適切に管理していない場
合、委託先従業員による情報漏えいを招き、委託元企業の信頼性を
毀損する可能性がある。

2 ）建築施工における発注者、元請、下請、孫請という重層構造におい
て、各当事者間の業務実態を把握しようとする意識が不十分であっ
た場合、作業工程におけるデータの虚偽が発覚した際に、有事にお
ける対外説明・原因究明等の対応に遅れをとり、最終顧客や株主等
の不信感を増大させる可能性がある。

3 ）海外の製造委託先工場における過酷な労働環境について意識が薄い
場合、製品の製造過程における社会的問題が発生した際に、当該企
業のブランド価値を毀損する可能性がある。

4 ）自社製造ではない業務委託先が製造した製品で事故が発生した際
に、徹底的な原因解明・対外説明を自ら果たさなくても、委託元企
業に責任追及が及ぶことはないが、ステークホルダーの不信感を増
大させ、企業の信頼性を毀損する可能性がある。

・解説と解答・

1 ）適切である。
2 ）適切である。
3 ）適切である。
4 ）不適切である。自社の業務委託先等において問題が発生した場合、社会的
信用の毀損や責任追及が自社にも及ぶ事例はしばしば起きている（製造業
者だけでなく、製造物に製造業者と誤認される表示を行った者も製造物責
任法に基づく責任を負担する）。

正解　4 ）

172

4－16　サプライチェーン・マネジメント

《問》家電製造業Ｘ社の社員Ａは、管理部門に異動してきたばかりであり、サプライチェーン・マネジメントについて、社内のサステナビリティ・オフィサーＢによる研修を受けている。サプライチェーン・マネジメントに関する次の記述のうち、最も不適切なものはどれか。

1）サプライチェーンのリスクには、自然災害やパンデミックに代表される環境的リスクだけでなく、テロや政治的な不安などの地政学的リスクが含まれる。

2）企業のリスクに対する認識は、発生の予測可能性や頻度、統制や管理のしやすさ、影響の大きさだけでなく、社会経済情勢にも影響される。

3）サプライチェーンにおける影響力が大きい企業であるほど、自社の一次サプライヤーの詳細な把握が求められるが、実務上の煩雑さを考慮すると、二次サプライヤー以降の把握については求められていない。

4）カーボンニュートラルへの取組みが世界的に進むなか、温室効果ガスの算定対象にサプライチェーンも含まれることから、サプライチェーンにおける脱炭素化への取組み等も新たな考慮事項となっている。

・解説と解答・

1）適切である。サプライチェーンのリスクは、発生の予測可能性や頻度、統制や管理のしやすさ、影響の大きさなどの観点から分類され、それぞれの企業が対応を検討することになる。

2）適切である。社会経済情勢の影響を受けるため、レジリエントなサプライチェーン・マネジメントへの取組みが求められる。

3）不適切である。サプライチェーンにおける影響力が大きい企業であればあるほど、自社の一次サプライヤーに止まらないサプライチェーン全体の把握および改善のための取組みが期待される。

4）適切である。これまでも日本企業においては、グリーン調達ガイドライン、CSR調達ガイドラインを策定し、サプライヤーに対して一定の環境

配慮を求める取組みは行われていた。今後は、より具体的な取組みを求める形でサプライヤーエンゲージメントを行う企業が増加し、より幅広い企業がその対象となると予想される。

正解　3）

4－17 適合性原則（コンダクトリスク）

《問》自動車部品製造業のＸ社はSDGsに関してサステナビリティの視点を組み入れた経営計画を策定しようとしている。Ｘ社の当該経営計画の策定に向けて、取引金融機関が提案する次の①〜④のサービスのうち、最も適切なものの組合せはどれか。

【Ｘ社の概要】
年商：100億円
工場拠点：国内２拠点、海外（東南アジア）４拠点
取引先：グローバルな上場完成車メーカー（GHG排出量削減要請あり）
生産品目：自動車向け内燃機関関連部品
従業員数：40名（男性30名、女性10名）
SDGs担当部署：サステナビリティ推進室
目標やマテリアリティの特定：未実施

①サステナビリティ・リンク・ローン
②温室効果ガス排出量計測に関するサービス事業者とのビジネスマッチング
③ポジティブ・インパクト・ファイナンス
④社内でSDGsに関する認知状況を確認するためのアンケート調査

1）①
2）①、②および③
3）②および③
4）②および④

・解説と解答・

　環境省が公表する「すべての企業が持続的に発展するために―持続可能な開発目標（SDGs）活用ガイド―」では、SDGsに取り組む際の手順として以下が推奨されている。
　①取組みの意思決定
　② PLAN（取組みの着手)

③DO（具体的な取組みの検討と実施）
④CHECK（取組み状況の確認と評価）
⑤ACT（取組みの見直し）

　本設問においては、X社は取組みの意思決定は完了しているものの、PLAN（取組みの着手）の段階にあると考えられる。この段階では、温室効果ガスの排出量を測定したり、社内のSDGs認知状況を確認して自社の現状を把握することは有効であり、これらを実施するための支援サービスの提案は適切と考えられる。

　一方、サステナビリティ・リンク・ローンやポジティブ・インパクト・ファイナンスは、企業の具体的なプロジェクトをESG観点から一定の指標で評価したうえで行うファイナンスであるため、DO（具体的な取組みの検討と実施）の段階に至っていないX社に対する提案としては不適切と考えられる。

正解　4）

2024年度版
サステナビリティ・オフィサー試験問題集

2024年6月6日　第1刷発行

編　者　一般社団法人　金融財政事情研究会
　　　　　　　　　　　　　　検定センター
発行者　　　　　　　　　　　加藤　一浩

〒160-8519　東京都新宿区南元町19
発 行 所　一般社団法人　金融財政事情研究会
販 売 受 付　TEL 03(3358)2891　FAX 03(3358)0037
　　　　　　URL https://www.kinzai.jp
本書の内容に関するお問合せは、書籍名およびご連絡先を明記のう
え、FAXでお願いいたします。　　お問合せ先　FAX 03(3359)3343
本書に訂正等がある場合には、下記ウェブサイトに掲載いたします。
https://www.kinzai.jp/seigo/

ISBN978-4-322-14538-0